TUS ASTROS
Y TÚ

Descubre el amor, la creatividad
y el propósito de tu alma en tu carta astral

EMMA VIDGEN

cincotintas

*A mi amor y a mi inspiración:
Matt, tu generosidad y tu carisma
jupiterianos no tienen límites.*

*Y a Plum y a Sid, mi inspiración
para ser más valiente cada día.*

Contenidos

Prólogo

La astrología tiene algo que cala muy hondo.

Tuve la suerte de crecer en un hogar donde el lenguaje astrológico formaba parte de la cotidianeidad. Cuando era pequeña, me encantaba mirar junto a mi madre las predicciones astrológicas en la televisión matutina, aunque ninguna de las dos se explicaba de dónde había salido una Virgo tan desordenada como yo. Entonces, no sabía que esa sería mi primera lección sobre astrología: somos mucho más que nuestro signo solar. Sea como fuere, siempre era una experiencia mágica que me hacía sentir que formaba parte de algo más grande. Y saber que mi vida no avanzaba de un modo completamente aleatorio me resultaba tranquilizador.

Décadas después, me di cuenta de que había temas que se repetían periódicamente en mi vida. Entonces, sentí un drástico cambio interior en relación con quién era yo y qué me importaba. Fue como una actualización de *software*. Seguía siendo yo, pero algo había cambiado. Quería sentir que me sumergía en algo plenamente, quería profundidad y quería sentido, curación y propósito. Decidí averiguar si esa desazón se reflejaba en mi carta astral y, efectivamente, así era. Cuanto más ahondaba, más sentido tenía todo.

Una lectura con un astrólogo profesional confirmó que estaba en pleno proceso de actualización de *software* astrológico (mi Sol progresado estaba cambiando de signo al mismo tiempo que mi Júpiter retornaba). Quedé asombrada cuando el astrólogo, que solo contaba con la hora, la fecha y el lugar de mi nacimiento, empezó a describir en detalle y con muchos matices lo que sucedía en mi interior. Durante ese recorrido por mi carta astral, la astrología se convirtió en una experiencia sensorial completa; fue como visitar París por primera vez después de haberlo visto solo en el cine. En un abrir y cerrar de ojos, el enfoque burdo y generalista de la astrología del signo solar dio paso a mi carta astral, un retrato complejo y vívido de quién era yo. Ya no era una Virgo inusualmente desordenada. Era mi propia combinación de todos los signos. Sentí que veían cómo soy realmente.

Inspirada, decidí aprender a leer cartas astrales. Me enganché. Fue como si hubiera conocido a mi pareja ideal y no pudiera parar de hablar de ella. (¡Mil disculpas a mis amigos y familiares!) Vivía, respiraba astrología y pasaba noches en vela pensando en planetas, aspectos y técnicas horarias. Para mí, leer cartas astrales es una experiencia mística, una combinación peculiar de déjà vu y de un fluir natural, como las personas que se ensimisman tocando un instrumento o pintando.

Chris Brennan, responsable de *The Astrology Podcast* (esencial para todos los aficionados a la astrología), dijo una vez que es imposible aprender todo lo que hay que saber acerca de la astrología. Hay tantas orientaciones y técnicas distintas que el aprendizaje no cesa jamás. Por eso me gusta tanto. Para mí, es una práctica fluida que se dilata y se contrae en función del momento vital en que uno esté. Este libro bebe de teorías de distintas épocas, desde la tradición helenística antigua que practican astrólogos como Chris Brennan hasta la astrología evolutiva moderna, practicada por pioneros como Steven Forrest. Es una combinación especial y la técnica que más ha encajado en mi vida personal y en mi práctica profesional. Aunque combinar estilos puede ser una blasfemia para los más puristas, yo prefiero que las cosas sean más fluidas.

Este libro te proporcionará la base técnica necesaria para entender los fundamentos de tu carta astral. A fin de llevar un registro de lo que irás aprendiendo, descarga las plantillas en PDF gratuitas en **theastrologyofyou.com/spanishworksheets/** o escaneando el código QR de la p. 176. Las preguntas para el diario también te ayudarán a reflexionar acerca de cómo se manifiestan en tu vida las energías de tu carta astral.

Asimismo, el propósito de este libro es dotarte de herramientas prácticas que te empoderen en tu vida cotidiana. Espero que, cuando interpretes tu carta astral usando mis técnicas, te sientas menos como una persona a quien la vida «le pasa» y más como un participante potente y vital con unos dones únicos a su disposición. Sobre todo, espero que te ayude a aceptar que todas las partes que te componen son válidas, importantes y merecedoras de compasión.

Emma

¿Qué es una carta astral?

La carta astral es lo primero con lo que te encontrarás cuando vayas más allá del horóscopo del periódico. Parece abrumadora y, al principio, quizás lo sea. Sin embargo, si inviertes tiempo en aprender sus entresijos, descubrirás que es una herramienta extraordinaria que te permitirá vivir una vida con conciencia, intención y curiosidad.

Conoce los glifos astrológicos

A lo largo de los capítulos de este libro, verás que aparecen cinco símbolos, que también hallarás en tu carta natal: representan la energía primaria que analizaré aquí.

El Sol

La Luna

El ascendente

El nodo sur

El nodo norte

¿Qué es la astrología?

La astrología es el estudio de la relación entre los cuerpos celestes (los planetas, el Sol y la Luna) y los eventos en la Tierra. Hace al menos 3500 años que el ser humano observa el cielo y detecta sinergias entre la bóveda celeste y la vida en la Tierra. La primera carta astral registrada data de 410 a.C.

◯ La carta astral es un mapa

La carta astral es una instantánea del cielo en el momento en el que naciste y muestra dónde estaban exactamente los planetas (desde una perspectiva geocéntrica) cuando llegaste al mundo. La posición de los planetas y los patrones que dibujan (los «aspectos») tejen un intrincado tapiz energético que lo describe todo, desde qué buscas en una relación hasta cómo gestionas el dinero. Para dibujar tu carta astral necesitas saber cuándo y dónde naciste. Cuanto más precisa sea la hora de nacimiento que indiques, más precisa será la carta. Visita **theastrologyofyou.com** para dibujar tu carta astral.

◯ La carta astral es un manual de instrucciones para la vida

Imagina cuánto más fáciles serían las cosas si tuvieras un manual de instrucciones escrito solo para ti, un recurso básico que te explicara exactamente qué significa «ser tú mismo». Pues resulta que lo tienes: tu carta astral. Una carta astral es un manual de instrucciones personalizado. Entender tu carta astral te ayudará a corregir patrones recurrentes en tu vida y a sanar de forma consciente las heridas emocionales que los causan.

◯ La carta astral es un espejo

El deseo de ser visto y reconocido es inherente a la experiencia humana. Muchas personas describen la experiencia de entender su carta astral como «sentirse vistas». La carta astral es un espejo tanto de tu personalidad como de tu actitud, en el que la posición de los planetas describe quién eres, qué defiendes y qué valoras. Ver tu reflejo en el cielo aporta una validación tremenda, evoca la sensación de pertenencia y también nos recuerda que todos formamos parte de algo mucho, pero que mucho más grande.

La carta astral es multifacética

Es posible que constatar que todos nosotros tenemos a todos los signos en nuestra carta sea una de las mayores revelaciones para ti. ¿No te gustan los Virgo? Pues has de saber que tienes a Virgo en tu carta y que es muy probable que la carta explique por qué no te gustan. Todos encarnamos la energía de los doce signos de maneras diferentes, y esas energías se expresan en facetas distintas de nuestra vida en función de la parte de la carta (o casa) que ocupen.

La carta astral es una herramienta para una vida consciente

Cuando te empieces a mirar en el espejo de la astrología, serás más consciente de tu paisaje interior. Empezarás a reconocer qué te perturba y qué necesitas para sentirte inspirado, empoderado y seguro. Los nodos te hablarán de la energía kármica con la que cargas y de lo que has venido a aprender en esta vida. Habrá energías que te resultarán muy incómodas y, con frecuencia, estas serán tus mejores maestras.

Una vez entiendas la combinación mágica y única que hace que seas TÚ, avanzar por la vida te resultará mucho más fácil. Aprenderás a aprovechar tus recursos, a forjar energías que nutran tu alma y a formular las preguntas adecuadas cuando te enfrentes a decisiones complejas. Tu carta no dicta tus movimientos ni te roba la espontaneidad, pero sí te muestra qué has de tener en cuenta si navegas por aguas agitadas.

◑ La carta astral te ofrece múltiples opciones

Al mirar mi carta astral, se podría concluir que era inevitable que me convirtiera en astróloga. En realidad, todas mis profesiones (astróloga, periodista, instructora de meditación e incluso abogada) aparecen en mi carta. Uno de los errores más frecuentes es considerar que la astrología es una herramienta forjada para la adivinación. Aunque es cierto que la carta astral refleja tendencias de tu personalidad y tu experiencia, lo que hagas con ellas solo depende de ti. Por eso, dos gemelos que nacen con cartas astrales idénticas (o casi) pueden vivir vidas muy distintas. La carta astral es como la lista de ingredientes de una receta. Describe con un detalle exquisito las cualidades que se te han concedido, pero el plato que decidas cocinar con ellas es cosa tuya. Sí, con huevos y harina puedes hacer pasta, pero también un bizcocho si añades azúcar. La decisión es solo tuya.

Cómo usar este libro

El triaje astrológico

Una vez se empieza a experimentar, las aplicaciones de la astrología son casi ilimitadas. Se puede usar para elegir el mejor momento en el que firmar un contrato (astrología electiva), para recordar dónde buscar unas llaves perdidas (astrología horaria) o para encontrar el lugar más propicio donde vivir (astrocartografía). En cuanto a mí, la estrategia que me parece más útil es la que denomino «triaje astrológico», que consiste en evaluar la propia vida y dejar que los intereses o las señales nos guíen hacia una región concreta de la carta, a fin de que nos oriente.

Al principio, es fácil que los tecnicismos te resulten abrumadores. La estrategia del triaje nos permite seguir centrados y priorizar las áreas en las que necesitamos ayuda en lugar de prestar tanta atención a la teoría que nos olvidamos de la práctica.

El triaje permite ahondar en la conciencia de qué necesitamos para crecer. La carta astral es un mapa cósmico personalizado y, cuando aprendas a leer la tuya, resolver los problemas cotidianos te será mucho más fácil.

Aunque puedes emplear esta estrategia para que te oriente en cuestiones de todo tipo (dinero, sexo, trabajo), este libro se centra en los cuatro temas principales que abordo con mis clientes.

01	Seguridad en uno mismo, energía y creatividad
	Mira al Sol para que te diga qué te hace brillar.

02	Relaciones, intimidad y amor
	Mira a la Luna para que te diga qué necesitas para sentirte seguro en las relaciones.

03	Autoconocimiento y dinámicas interpersonales
	Mira al ascendente para que te diga cómo te perciben los demás.

04	Propósito y sentido de la vida
	Mira a los nodos para que te informen acerca de tu legado cósmico y del propósito de tu alma.

Una vez hayas determinado dónde están tu Sol, tu Luna, tu ascendente y tus nodos, lee las partes relevantes de cada capítulo y responde a las preguntas para el diario a fin de explorar cómo se manifiestan esas energías en tu vida.

También puedes descargar las fichas que acompañan a este libro en **theastrologyofyou.com/spanishworksheets/** o escaneando el código QR de la p. 176. Te ayudarán a entender tu carta astral.

Luego, usa este libro como referencia cuando sientas que necesitas un triaje astrológico. Consulta la sección pertinente cuando necesites apoyo u orientación adicionales acerca de una cuestión concreta o para ahondar en tu conocimiento de otras personas. Puedes repasar las preguntas para el diario y las plantillas y usarlas como punto de partida para reflexionar cuando te sientas bloqueado o sobrepasado.

I

PRIMEROS PASOS

Dibuja tu
carta astral

El primer paso para interpretar una carta astral es dibujarla. En un pasado no muy lejano, un astrólogo profesional la habría calculado a mano y con gran meticulosidad. Ahora, es tan fácil como introducir la información sobre tu nacimiento en un sitio web (como **theastrologyofyou.com**) y listos. Solo tendrás que indicar la fecha, la hora y el lugar de nacimiento.

La hora de nacimiento es crucial, porque determina el signo que ascendía por el horizonte oriental mientras nacías (ascendente). El ascendente puede cambiar hasta cada par de horas en función del lugar de nacimiento y cambiará con mayor o menor rapidez según lo cerca o lejos que estuvieras del ecuador.

Además de aportar información astrológica crucial por sí mismo (hablaremos del ascendente en profundidad en la p. 116, en la Parte IV), el ascendente también determina qué signos ocupan cada una de las doce casas. Por eso, es difícil interpretar con precisión la carta astral si se desconoce la hora de nacimiento.

La hora de nacimiento también determina la ubicación de otros planetas. El signo lunar cambia cada dos días y medio, por lo que es especialmente sensible a este parámetro, pero la ubicación del resto de los planetas también se puede ver afectada si naciste cerca del momento en que alguno cambiaba de signo (cuando se dice que el planeta «ingresa»). El final de un signo y el comienzo de otro se conoce como «cúspide».

¡Socorro! ¡No sé a qué hora nací!

⊙ Averiguar la hora de nacimiento puede ser difícil, pero es importante. Muchos certificados de nacimiento no la especifican, aunque es posible que algunos hospitales la indicaran en la historia clínica. Aunque no hay garantías, vale la pena llamar o escribir a su archivo. Aquí encontrarás algunos consejos para intentar averiguar a qué hora naciste.

Habla con tus padres

El primer recurso son las personas que asistieron a tu nacimiento o que esperaban en el hospital a que les dijeran que ya habías nacido. Pregunta a tus padres qué recuerdan. ¿Era de día? Muchos bebés nacen al amanecer o al atardecer. Si te dicen que fue hacia el amanecer o el atardecer, hay sitios web de meteorología que indican las horas de la salida y la puesta del Sol de hace décadas, por lo que te podrían ayudar a afinar un poco más la hora en que naciste.

Averigua detalles

Pregunta acerca de tantos detalles como se te ocurran. ¿Cuánto tardaron en llamar a los familiares para decirles que ya estabas aquí? Si tuvieron que esperar a una hora aceptable, es posible que nacieras por la noche o de madrugada. Quizás recuerden la primera comida después de que nacieras (la comida de hospital tiende a ser memorablemente mala) y, de ser así, quizás te ayude a determinar si naciste cerca del desayuno, del almuerzo o de la cena.

Cualquier detalle importa: la madre de una amiga no recordaba la hora, pero sí que el equipo de fútbol americano preferido de su marido jugaba en un estadio cerca de la maternidad. Su marido oía el fragor del partido por la ventana del hospital mientras ella daba a luz. Una visita a Google ayudó a mi amiga a saber a qué hora se jugaban los partidos en aquel estadio y pudimos reducir la ventana horaria a solo un par de horas. No era la hora exacta, pero nos dio una información más ajustada con la que trabajar.

Pregunta a los parientes lejanos

A veces, los familiares (a quienes se recurre con frecuencia para que cuiden de los hermanos mayores) pueden ser una fuente de información más fiable, porque no estaban en ese peculiar espacio liminal que es el parto. Pregúntales qué recuerdan y dónde estaban cuando los llamaron para informarles de tu nacimiento. Los cuadernos de bebé, los álbumes de fotos o los anuncios de nacimiento en el periódico también son buenas fuentes de información.

Cuando todo lo demás falle, acude a los expertos

Si todo lo demás falla, calcula tu carta astral para el mediodía, a ver qué sale. Si la Luna está hacia el comienzo o el final de un signo (aproximadamente los primeros o últimos diez grados), es posible que cayera en el signo siguiente, dependiendo de la hora en que nacieras en realidad. Lee las descripciones de los dos signos lunares posibles en la Parte III (p. 84) y determina con cuál te sientes más identificado.

Si realmente quieres tener una idea más precisa, pide cita con un astrólogo profesional para que rectifique tu carta. Él te preguntará acerca de experiencias vitales trascendentes (relaciones importantes, cambios en la situación económica, nacimientos, muertes, etc.) y las cruzará con los tránsitos astrológicos que ocurrían entonces.

Una vez cuente con la información suficiente, el astrólogo podrá calcular con mucha precisión la hora más probable de tu nacimiento. Para encontrar un astrólogo especializado en rectificación, acude a la asociación astrológica profesional de tu zona.

¿Por qué es tan importante conocer la hora exacta de nacimiento?

☉ El ascendente puede cambiar en cuestión de minutos y eso repercute en toda la carta astral. A veces, también puede cambiar el signo de otros planetas y luminarias, por lo que definitivamente merece la pena invertir el esfuerzo necesario en intentar averiguar la hora exacta en que naciste.

La anatomía de la carta astral

La interpretación de la carta astral se basa en **cuatro** conceptos clave.

Los **signos** son los estados de ánimo de la carta. En la vida cotidiana, todos tenemos la capacidad de sentir todo el espectro emocional. Del mismo modo, en la carta todos contamos con el abanico zodiacal al completo. En la p. 18 encontrarás más información sobre los signos.

Las **casas** son las distintas áreas de la carta, como las que corresponden a la vida doméstica o a la profesional. Indican dónde hemos de mirar si queremos ahondar en un tema concreto. En la p. 28 encontrarás más información acerca de las casas. El signo que habite en cada casa describirá el estado de ánimo de esa área de tu vida.

Los **planetas** son tus compañeros de equipo. Te apoyan (y, en ocasiones, te desafían) en tu manera de afrontar la vida. El signo que ocupan influye en cómo operan, mientras que la casa que ocupan explica dónde están más activos. En la p. 36 encontrarás más información acerca de los planetas.

Los **aspectos** son las dinámicas que se establecen entre tus compañeros de equipo. Describen lo bien que juegan juntos. Entender estas dinámicas ayuda a reconocer tus dones naturales y las áreas de crecimiento. En la p. 44 encontrarás más información acerca de los aspectos.

Los signos: *los colores de tu carta astral*

Una vez tengas tu carta astral, verás que el círculo externo contiene multitud de símbolos que representan a los signos: recuerda que los tienes a todos en tu carta. Hay doce y cada uno ocupa treinta grados (12 × 30° = 360°). Cada signo representa cómo abordas un área concreta de tu vida, o el estado de ánimo de esta, y cada uno tiene sus propias cualidades, fortalezas y debilidades, como los distintos colores que componen la paleta de un pintor. Como los colores, no hay signos buenos o malos, pero, también como los colores, solemos preferir unos signos y no otros.

Para entender los distintos matices de tu carta astral, has de entender mínimamente qué representa cada signo. Además, algunos ejercerán una influencia más significativa que otros en función del lugar que ocupen en la carta. Por ejemplo, los signos en los ángulos (al comienzo de las Casas I, IV, VII y X, que representan la identidad, el hogar/familia, las relaciones íntimas y tu carrera profesional, respectivamente) tienden a ejercer una influencia mayor que los demás. Si piensas en la carta astral como en una receta, los signos en los ángulos serían los sabores dominantes.

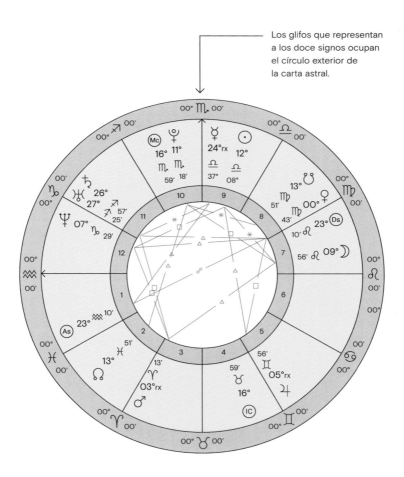

Los glifos que representan a los doce signos ocupan el círculo exterior de la carta astral.

Ejemplo de carta astral

Natalicio
5 de octubre de 1988, miércoles
14:22 AEST – 10:00
Sídney (Australia)

Aries

Planeta regente
Marte

Arquetipo
El guerrero

Cualidades
La energía de Aries lo lleva a lanzarse de cabeza. Es pasional, directo y excitable y tiene el valor de pasar a la acción y de asumir riesgos. Se enardece rápida e intensamente, pero a veces le cuesta perseverar en el esfuerzo.

Palabras clave
Impulsivo, asertivo, decidido

Tauro

Planeta regente
Venus

Arquetipo
El esteta

Cualidades
Tauro es constante en su compromiso por lograr la comodidad. Es el signo más táctil del zodíaco y le atrae todo lo bonito y agradable y todo lo que huele y suena bien, pero su apego a la comodidad lleva a que, en ocasiones, se resista al cambio y se muestre sorprendentemente obstinado.

Palabras clave
Calmado, paciente, sensual

Géminis

Planeta regente
Mercurio

Arquetipo
El camaleón

Cualidades
El superpoder de Géminis es su capacidad para ser muchas cosas a la vez, mientras que su habilidad para mantenerse abierto a la ambigüedad es una de sus fortalezas. En su máxima expresión, permite una comunicación, curiosidad y capacidad de adaptación increíbles. Cuando no se cuida, puede parecer desconectado, ansioso e indeciso.

Palabras clave
Complejo, curioso, ecléctico

Cáncer

Planeta regente
Luna

Arquetipo
El cuidador

Cualidades

La energía de Cáncer está definida por su compromiso con atender y cuidar a las personas (y objetos y animales) que más le importan. Es sensible y emocionalmente receptivo y su fortaleza reside en su vulnerabilidad y en su capacidad para replegarse. En su faceta menos funcional, es hipersensible y distante y está a la defensiva.

Palabras clave

Sensible, empático, romántico

Leo

Planeta regente
Sol

Arquetipo
Estrella de rock

Cualidades

La energía de Leo multiplica su creatividad, que comparte con el mundo. Leo encarna la soberanía personal y no teme exclamar «¡Miradme!». En su mejor versión, es generoso, afectuoso y sorprendentemente tenaz; en la peor, egoísta, terco y avasallador.

Palabras clave

Sociable, individualista, orgulloso

Virgo

Planeta regente
Mercurio

Arquetipo
El solucionador
de problemas

Cualidades

La energía de Virgo se alimenta de la necesidad de mejora. Su capacidad de análisis le permite encontrar la mejor manera posible de hacer las cosas. Es altruista e increíblemente generoso, pero también tiende a convertirse en mártir.

Palabras clave

Perceptivo, considerado, refinado

Libra

Planeta regente
Venus

Arquetipo
El mediador

Cualidades
Un discurso respetuoso en el que todos se puedan expresar alimentará la energía de Libra, que busca el equilibrio y la equidad y tiene un gran sentido de la justicia y de lo correcto. En su mejor versión, es perspicaz y reflexivo; en la peor, puede ser antagónico o codependiente.

Palabras clave
Carismático, observador, diplomático

Escorpio

Planeta regente
Marte, Plutón

Arquetipo
El investigador

Cualidades
Escorpio centra sus energías en indagar bajo la superficie (aunque duela) para descubrir lo que sucede en realidad. Puede ser intuitivo, sensible y constante; en su peor versión, puede ser paranoico, controlador y posesivo.

Palabras clave
Intuitivo, determinado, enigmático

Sagitario

Planeta regente
Júpiter

Arquetipo
El aventurero

Cualidades
La energía de Sagitario labra su propio destino y evita lo mundano en su búsqueda de propósito. En su mejor versión, es valiente, intrépido y firme en sus convicciones. En la peor, dogmático y crítico y teme el compromiso.

Palabras clave
Aventurero, directo, tendencioso

Capricornio

Planeta regente
Saturno

Arquetipo
La roca

Cualidades
Capricornio invierte toda su energía en lo que se proponga y no abandonará hasta que consiga su objetivo. En su mejor versión, es trabajador y de confianza; en la peor, distante y pesimista.

Palabras clave
Resuelto, disciplinado, capaz

Acuario

Planeta regente
Saturno, Urano

Arquetipo
El innovador

Cualidades
La de Acuario es la energía del visionario por excelencia. Analítico, independiente y con recursos, anhela libertad y pertenecer a algo más grande que él. En su mejor versión, es innovador y excéntrico; en la peor, terco y emocionalmente inaccesible.

Palabras clave
Independiente, analítico, original

Piscis

Planeta regente
Júpiter, Neptuno

Arquetipo
El soñador

Cualidades
La energía de Piscis representa la compasión radical, la creatividad y la capacidad de asombro. Es romántico, artístico y etéreo. En su mejor versión, es generoso y creativo; en la peor, impresionable y poco fiable.

Palabras clave
Intuitivo, generoso, compasivo

Todo sobre los elementos y los modos

☉ Los signos se pueden clasificar por elemento (fuego, tierra, aire o agua) y modo (cardinal, fijo o mutable). Los elementos y los modos suman matices a las relaciones entre los signos y al lugar que ocupan en el calendario astrológico.

Los elementos

Hay cuatro elementos, cada uno con sus propias cualidades, y cada signo pertenece a una familia elemental. Como todos los hermanos, cada signo es único y distinto, pero comparte características con sus hermanos y hermanas elementales. Es posible que algún elemento predomine sobre los demás en tu carta astral. Para averiguarlo, determina cuántos planetas de cada elemento contiene. Esto es lo que quieren decir las personas que afirman que son más «terrenales» o más «seres de agua». Con frecuencia, nos atraen las personas que tienen muchos planetas en el mismo elemento que predomina en nuestra carta.

Fuego

Signos
Aries,
Leo,
Sagitario

Rasgos comunes
Los signos de fuego están orientados a la acción. Están motivados y son impulsivos. Como una llama, prenden situaciones y generan calor y emoción, pero también pueden ser impredecibles y reactivos. Como familia, les preocupa el impulso hacia adelante, la participación y la pasión.

Palabras clave
Desear, exaltar, activar

Tierra

Signos
Tauro,
Virgo,
Capricornio

Rasgos comunes
Los signos de tierra tienen el don de hacer que las cosas se manifiesten en el mundo material. Les preocupa que las cosas se hagan y avanzan por la vida con dedicación, lealtad y compromiso. Como familia, encarnan la productividad, la tenacidad y la fortaleza emocional.

Palabras clave
Manifestar, construir, estabilizar

Aire

Signos
Géminis,
Libra,
Acuario

Rasgos comunes
Los signos de aire están orientados a las ideas y a las relaciones. Se los suele asociar a la comunicación y a los datos. Como familia, se centran en el análisis, la resolución de problemas y el aprendizaje mediante la conexión con los demás.

Palabras clave
Racionalizar, expresar, relacionar

Agua

Signos
Cáncer,
Escorpio,
Piscis

Rasgos comunes
La profundidad emocional une a los signos de agua. Se los asocia a la creatividad, la sensibilidad y las cuestiones del corazón. Como familia, son sinónimo de emoción, intuición y expresión artística.

Palabras clave
Cuidar, sentir, responder

Los modos

Los signos también se pueden clasificar por modos. Los tres modos aluden a la parte de la estación (primavera, verano, otoño, invierno) en la que cae cada signo: el principio (cardinales), la mitad (fijos) y el final (mutables). Los signos que comparten un mismo modo tienen cualidades en común incluso si pertenecen a familias elementales distintas. Es posible que te des cuenta de que compartes el mismo modo con muchos de tus amigos y también el mismo elemento con algunos de ellos. A pesar de las diferencias individuales, compartiréis una misma manera de entender la vida.

Cardinal

Signos
Aries,
Cáncer,
Libra,
Capricornio

Función
Iniciar

Rasgos comunes
Los signos cardinales ocupan el principio de las estaciones. Por naturaleza, están más orientados al liderazgo y al protagonismo. Demuestran una iniciativa asombrosa, pero les cuesta persistir hasta el final. Aries es el signo cardinal más activo. Cáncer lidera con el corazón y Libra lidera con la cabeza. Capricornio lidera desde el pragmatismo.

Fijo

Signos
Tauro,
Leo,
Escorpio,
Acuario

Función
Mantener

Rasgos comunes
Los signos fijos ocupan el periodo central, o álgido, de las estaciones. Son los signos con más capacidad de resistencia, lo que los hace tanto tenaces como tercos. Tauro encarna la tenacidad seria, sobre todo en el ámbito físico o material. Leo es persistente en las actividades artísticas. Escorpio cuenta con una enorme reserva de fortaleza interior para persistir en todo lo que le importa de verdad y Acuario es célebre por su apego a sus ideas y creencias.

Mutable

Signos
Géminis,
Virgo,
Sagitario,
Piscis

Función
Adaptar

Rasgos comunes
Los signos mutables ocupan la fase final de las estaciones y tienen una cualidad más flexible. Esto se manifiesta de distintas maneras según el elemento, pero siempre se evidencia en una mayor facilidad para olvidar y para el cambio. Géminis tiene un gran talento para colaborar con otros. Virgo es excelente a la hora de adaptarse y de encontrar soluciones prácticas a problemas. Sagitario anhela cambios de aires y Piscis es un consumado maestro del desapego al mundo material.

Las casas:
los compartimentos de la vida

Uno de los aspectos más llamativos de las cartas astrales es la forma en que se dividen. Verás que incluyen doce secciones, como doce porciones de tarta, y que cada una de ellas está numerada en el círculo interior de la rueda.

Las doce secciones reciben el nombre de «casas» y representan distintas áreas de la vida.

Si piensas en la carta astral como en un manual de instrucciones personal, cada casa representa un capítulo distinto: las finanzas (Casa II), la vida sexual (Casa V), los amigos (Casa XI), etc.

Si te cuadra más el concepto de carta astral como mapa, puedes imaginar cada una de las casas como un área distinta de tu vida: la familia (Casa IV), el trabajo (Casa X), etc. Los planetas que habitan en cada casa añaden profundidad y detalle a esa parte de tu historia y describen tus fortalezas y debilidades naturales en lo que a esa faceta se refiere.

He aquí un buen resumen para empezar:

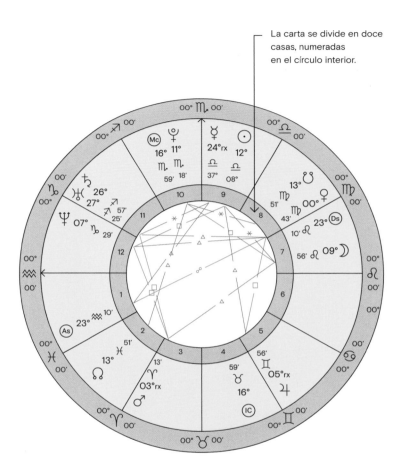

La carta se divide en doce casas, numeradas en el círculo interior.

Ejemplo de carta astral

Natalicio
5 de octubre de 1988, miércoles
14:22 AEST – 10:00
Sídney (Australia)

Casa I

Temas clave
Cómo te perciben los demás, el cuerpo, la salud, el aspecto externo, la identidad, el estilo personal

Si tu carta astral fuera un edificio, la Casa I estaría en la planta baja. Es la parte más visible de ti, la que los demás ven con facilidad y con solo pasar a tu lado. Describe tu aspecto físico, tu estilo y cómo te mueves por el mundo. También representa la salud y el cuerpo.

Esta región de la carta astral te ayuda a entender cómo te perciben los demás y es en la que te has de centrar para ahondar en el autoconocimiento. También está inherentemente ligada a la personalidad y, con frecuencia, te resonará más que tu signo solar, porque el signo de esta casa está en la superficie.

El signo que habite esta casa en tu carta será también tu ascendente (en la p. 116 de la Parte IV, encontrarás más información sobre este elemento de la carta). Los planetas que caen en esta casa son especialmente prominentes, porque son como las ventanas de tu escaparate. Sus cualidades están a la vista, te será fácil conectar con ellas y, probablemente, reflejen cómo te describen los demás.

Las personas que trabajan con el cuerpo y con el aspecto, como los entrenadores personales o los esteticistas, acostumbran a tener planetas en la Casa I.

Casa II

Temas clave
Dinero, posesiones, estilo de ahorro y de gasto, ingresos

Esta región de la carta astral describe tu relación con el dinero, sobre todo con el que ganas. Céntrate aquí para entender mejor tu relación con el dinero y tu situación económica global, además de lo que valoras y de cómo te relacionas con tus posesiones materiales.

Las personas que trabajan con artículos de lujo (como automóviles o joyas) acostumbran a tener planetas en la Casa II.

Casa III	**Temas clave**
	Aprendizaje, escritura, comunicación, discurso, viajes locales, hermanos, parientes lejanos, negocios, tecnología, entorno

Esta sección de la carta astral describe tu actitud frente el aprendizaje (sobre todo durante los primeros años de escuela), la escritura y la comunicación. También puede describir la relación con tus hermanos y con tu parientes lejanos, tu sentido de pertenencia a un barrio o zona y el desplazamiento cercano (dentro de tu misma ciudad). Consulta esta zona de la carta astral si quieres profundizar en la relación con tus hermanos o en tus fortalezas y vulnerabilidades en relación con la comunicación y el aprendizaje.

Los maestros, los escritores y las personas que trabajan con el lenguaje (como los traductores y los logopedas) acostumbran a tener planetas en la Casa III.

Casa IV	**Temas clave**
	Familia, hogar, infancia, linaje ancestral, progenitores, bienes inmuebles

Esta región de la carta astral describe dónde vives, además de tus orígenes. También refleja tus experiencias de infancia y tu historia ancestral. Recurre a esta casa para entender las dinámicas familiares que te han convertido en la persona que eres.

Las personas que trabajan en el sector inmobiliario, la decoración o la construcción acostumbran a tener planetas en la Casa IV.

Casa V

Temas clave
Creatividad, juego, arte, aventuras amorosas, sexo, placer, fiestas, apuestas, deporte, hijos, fertilidad

Esta sección se relaciona con la expresión artística, la individualidad, la diversión y el sexo. Como gira en torno a la creación, tiene que ver con el embarazo, la fertilidad y los hijos. Es el lugar al que prestar atención para entender cómo te diviertes y te relacionas con la creatividad.

Los artistas, los profesionales creativos y los que trabajan con niños (¡o tienen muchos hijos!) acostumbran a tener planetas en la Casa V.

Casa VI

Temas clave
Trabajo, rutinas, horarios, personas a cargo, mascotas, bienestar, organización, enfermedad, voluntariado

Esta es la sección aborda tu relación con lo mundano y lo cotidiano. Trata del trabajo cotidiano y está conectada con la salud y el bienestar. Bucea en ella para entender cómo gestionas el esfuerzo, afrontas la enfermedad y te cuidas. También tiene que ver con ponerse al servicio de los demás, con las personas a tu cargo y tus mascotas.

Las personas que trabajan en el sector sanitario o en el sector servicios acostumbran a tener planetas en la Casa VI.

Casa VII

Temas clave
Relaciones románticas, mejores amigos, socios, consultoría individual

Esta sección habla de los que te atraen. Describe a «tu tipo», románticamente hablando, y a tus mejores amigos, tus confidentes e incluso socios de negocios. Aquí entenderás las pautas y las dinámicas que median tus relaciones más íntimas.

Las personas que trabajan en contextos personales, como los terapeutas o los asesores, acostumbran a tener planetas en la Casa VII.

Casa VIII

Temas clave
Activos y recursos compartidos, herencias, deudas, impuestos, cuestiones bancarias y financieras, trabajo con la sombra, trauma, poder, cuestiones de intimidad, muerte

Esta sección de la carta astral describe aquello que compartes con otros, tanto material como emocionalmente. Puede tener que ver con cuestiones como herencias y dinero familiar o con cualquier tipo de recurso compartido (dinero, inversiones, propiedades...). También refleja las actitudes hacia todo lo que se considera tabú o íntimo, como la sexualidad, las cuestiones de control, la intimidad y la muerte.

Las personas que trabajan con el dinero de otros (seguros, banca...) o con personas que se recuperan de traumas (como los psicoterapeutas) acostumbran a tener planetas en la Casa VIII.

Casa IX

Temas clave
Viajes, culturas extranjeras, religión, espiritualidad, educación superior, *mass media*, enseñanza, leyes

Esta sección describe tu relación con áreas que amplían tu visión del mundo, como viajes trasatlánticos, los medios de comunicación o la religión. También tiene que ver con la educación superior, la espiritualidad, lo esotérico y la ley. Céntrate en ella si quieres entender tu predisposición a abrirte a nuevas experiencias y culturas.

Las personas que trabajan en medios de comunicación, derecho, espiritualidad, astrología o el aprendizaje superior acostumbran a tener planetas en la Casa IX.

Casa X

Temas clave
Carrera profesional, ambición, reputación, imagen pública, fama

Esta sección habla de tu carrera profesional, tu ambición y tu reputación. Se asocia a ser visto y reconocido, y a la fama. Es el lugar en que centrarse para ver qué sucede con tu trayectoria profesional.

Las personas con un perfil destacado o que anhelan la fama acostumbran a tener muchos planetas en la Casa X.

Casa XI

Temas clave
Amistades, compañeros laborales, grupos comunitarios

Esta sección de la carta astral describe las amistades y el tipo de personas y de grupos que te atraen, así como la dinámica de esas relaciones. Es el lugar al que acudir para entender tu yo social.

Los que representan a miembros de una comunidad (políticos, abogados, sindicalistas) o cuyo modo de vida se basa en la popularidad (*influencers*) tienen muchos planetas en la Casa XI.

Casa XII

Temas clave
Soledad, vías de escape, lugares lejanos, el inconsciente, sueños, temores, pérdida, entregarse, transcendencia

Esta sección versa sobre tu relación con el reposo y la soledad. Está conectada con el subconsciente y los miedos. Aquí ahondarás en el conocimiento de las partes de ti que te incomoda mostrar. Puede dar la impresión de que los planetas de la Casa XII son distantes o alimentan las inseguridades (por ejemplo, el Sol en la Casa XII acostumbra a manifestarse como el miedo a no ser visto o valorado).

Los que trabajan con personas en situación precaria, víctimas de exclusión o desplazadas (hospitales, refugios, residencias de ancianos o incluso prisiones) acostumbran a tener muchos planetas en la Casa XII.

¿Qué son los sistemas de domificación?

☉ Hay muchas maneras de dividir la carta astral, igual que hay muchas maneras de cortar una tarta. Las distintas maneras de dividir la carta astral se conocen como «sistemas de domificación». Es posible que, cuando traces tu carta astral en línea, se te pregunte qué sistema de domificación prefieres.

Algunos de los que se usan con más frecuencia son:

○ **Sistema de signos enteros.**

○ **Plácido.**

○ **Casas iguales.**

○ **Porfirio.**

Se trata de una elección personal y de uno de los temas que suscitan un debate más encendido entre los astrólogos profesionales. Aunque se han escrito libros enteros acerca de la filosofía que subyace tras cada uno de los sistemas de domificación, te recomiendo que uses el sistema de signos enteros: el sistema de domificación más antiguo y el que se suele asociar a la astrología helenística.

Otorga treinta grados a cada casa y todas comienzan en el grado 0 del signo, incluida la Casa I independientemente de lo tarde en el signo que caiga el ascendente (el grado exacto al que se alzaba sobre el horizonte en el momento de tu nacimiento). Creo que es el sistema más sencillo y con el que más fácil resulta trabajar cuando se empieza. También me parece el más útil en la práctica. Si te gusta experimentar (sí, me dirijo a ti, Géminis), prueba a trazar tu carta astral usando distintos sistemas y fíjate dónde cambian de signo las casas. A medida que adquieras experiencia, es posible que veas que alguno de los sistemas «encaja» mejor contigo que los demás.

Los planetas:
tus compañeros
de equipo astrológicos

Si observas tu carta astral, verás que cada casa contiene
varios signos pequeños. Representan a las luminarias
(el Sol y la Luna), los planetas y los nodos. Su ubicación
refleja la posición que ocupaban cuando naciste.

Me gusta pensar en estos tres grupos como en tus
compañeros de equipo astrológicos. Al igual que
sucede en el trabajo, donde hay personas con las que
te llevas mejor, habrá miembros de tu equipo astrológico
con los que te llevarás bien y otros con los que no
tanto. Entender quiénes son y cómo despliegan sus
capacidades facilita mucho la vida.

El signo y la casa que ocupen matizan su personalidad
(y cómo hacen su trabajo). Los patrones que trazan en
relación con los demás (lo que llamamos «aspectos»)
añaden otra capa de profundidad y describen la
dinámica del equipo (hablaremos con detenimiento de
los aspectos en la p. 44). A continuación, encontrarás un
quién es quién en tu equipo astrológico.

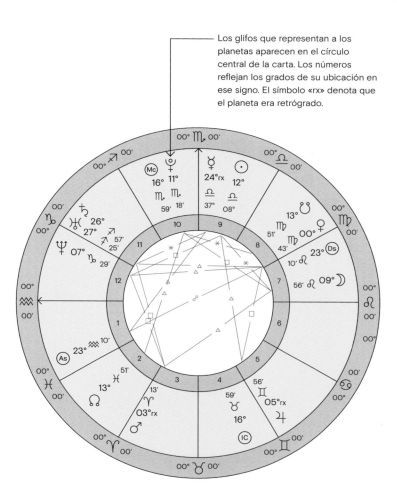

Los glifos que representan a los planetas aparecen en el círculo central de la carta. Los números reflejan los grados de su ubicación en ese signo. El símbolo «rx» denota que el planeta era retrógrado.

Ejemplo de carta astral

Natalicio
5 de octubre de 1988, miércoles
14:22 AEST – 10:00
Sídney (Australia)

El Sol

Cargo
Director de
Seguridad
en Uno
mismo

Descripción del puesto de trabajo: La función principal del Sol es aportar vitalidad, inspiración creativa y seguridad en uno mismo. Representa al ego, te ayuda a sentirte cómodo siendo el blanco de las miradas y te anima a recurrir a tu poder personal. También se asocia a la energía o a la figura paternas.

En aspecto con otro planeta: El Sol aporta vitalidad y luminosidad y aumenta la importancia y la función del otro planeta en la carta astral.

La Luna

Cargo
Director de
Operaciones
Emocionales

Descripción del puesto de trabajo: La principal función de la Luna es ayudarte a procesar las emociones. Describe cómo procesas las experiencias a nivel subconsciente, tu paisaje emocional interior y qué necesitas para sentirte amado, seguro y cuidado en las relaciones. También describe cómo te gusta recibir amor. Se suele asociar a la energía o a la figura maternas.

En aspecto con otro planeta: La Luna interioriza las cualidades del otro planeta, dirige su energía hacia el interior y hace de él un elemento crucial en el procesamiento emocional y en la expresión del amor.

Mercurio

Cargo
Director de
Comunicaciones

Descripción del puesto de trabajo: La función de Mercurio es ayudarte a comunicar y a organizar tus pensamientos, ideas y discurso. Define tu abordaje cognitivo de la vida y describe cómo piensas, aprendes y te expresas, y tu aptitud para los idiomas.

En aspecto con otro planeta: Mercurio aporta una energía psicológica y estimulante al otro planeta.

Venus

Cargo
Director
de Ocio
y Estética

Descripción del puesto de trabajo: La función de Venus es ayudarte a conectar con el placer. Venus describe cómo experimentas el deseo (tanto en el sentido físico como en el emocional) y cómo te relacionas con los demás. También describe qué valoras y tu relación con la energía femenina, tanto a nivel personal como social.

En aspecto con otro planeta: Venus aporta dulzura a los aspectos que forma con otros planetas y crea una energía delicada y orientada a las relaciones.

Marte

Cargo
Director
de Fusiones
y Adquisiciones

Descripción del puesto de trabajo: Marte encarna la motivación, la ambición y la voluntad de luchar por lo que quieres. Físico y primitivo, Marte te invita a conectar con tu competitividad, a asumir tu sexualidad y a disfrutar de la competición.

En aspecto con otro planeta: Marte aporta fuego y asertividad, como si prendiera una mecha bajo el otro planeta. Su deseo de impulso y de dominio puede animar o avasallar en función del aspecto concreto y del planeta en cuestión.

Júpiter

Cargo
Director
de Desarrollo
(espiritual
y material)

Descripción del puesto de trabajo: La función de Júpiter es ayudarte a encontrar sentido y sabiduría en la vida, y a ampliar tu perspectiva, mediante la espiritualidad, el aprendizaje o el viaje. También se asocia a la actitud respecto a la abundancia y a la riqueza y a la capacidad para demostrar optimismo.

En aspecto con otro planeta: Júpiter aumenta la importancia y el peso de los planetas en aspecto con él. Puede imbuir de seguridad al otro planeta respecto a sus capacidades o exagerar sus cualidades.

Saturno

Cargo
Director de
Control
de Calidad

Descripción del puesto de trabajo: La función de Saturno en tu carta astral es ayudarte a asumir la responsabilidad y a lograr la maestría. Trata de enseñar disciplina, perseverancia y tenacidad. Es célebre por ser adusto y serio, pero es esencial para garantizar que las cosas no solo se hagan, sino que se hagan bien.

En aspecto con otro planeta: Saturno actúa como un freno de mano y ralentiza, amortigua o incluso bloquea la expresión del otro planeta. También se puede manifestar como contención y como inseguridad a la hora de expresar las cualidades del otro planeta. Cuando apoya al otro planeta del aspecto, puede otorgar solemnidad a su expresión.

Urano

Cargo
Director de
Innovación

Descripción del puesto de trabajo: La función principal de Urano es inspirar independiencia, rebeldía e innovación. Urano quiere romper todas las normas, agitar las cosas y ayudarte a asumir tus cualidades únicas. Caiga donde caiga en tu carta astral, reflejará el deseo de libertad y de individualidad.

En aspecto con otro planeta: Urano aporta una cualidad electrizante cuando está en aspecto con otro planeta. Puede aportar una sensación de inestabilidad, perturbación, impredictibilidad o genio desatado a la energía del otro planeta.

Neptuno

Cargo
Director
Creativo

Descripción del puesto de trabajo: La función principal de Neptuno es ayudarte a que te relajes, te abandones y cedas el control, ya sea resistiéndote a la necesidad de microgestionarlo todo o perdiéndote en un proceso creativo. Es un planeta muy artístico y nos insta a aceptar que, en esta vida, el control no es más que una ilusión.

En aspecto con otro planeta: Neptuno tiende a diluir y a desdibujar las cualidades del otro planeta. Tanto lo puede imbuir de ambigüedad y de confusión como amplificar su potencial creativo.

Plutón

Cargo
Director de
Transformación

Descripción del puesto de trabajo: Plutón, que te obliga a tomar las riendas y a enfrentarte a tus miedos, te muestra tanto aquello a lo que más temes como tu mayor potencial. Te revela las claves de la transformación y las áreas en las que tiendes a jugar a lo seguro y permanecer indefenso. Al igual que sucede con Saturno, Plutón no es el compañero con quien saldrías de copas, pero es esencial para el equipo planetario y para tu evolución interior.

En aspecto con otro planeta: Plutón intensifica y magnifica las cualidades del otro planeta. Acentúa sus cualidades, lo que puede llegar a abrumar o incluso a inspirar temor.

Los nodos

⊙ Si observas tu carta astral, también verás dos glifos parecidos a una herradura: uno mira hacia arriba y el otro, hacia abajo. Son los nodos norte y sur de la Luna, dos puntos en el espacio (en lugar de luminarias o planetas físicos) que representan el viaje de tu alma: de dónde vienes y a dónde vas. En la Parte V (p. 134) profundizaremos en la interpretación de la historia nodal. Los aspectos duros con los nodos representan un bloqueo o una dificultad a la hora de desempeñar su trabajo, mientras que los aspectos blandos representan el apoyo que reciben a la hora de desempeñar su función con más facilidad. En la p. 49, encontrarás más información acerca de los aspectos duros y blandos.

El nodo
sur

Descripción del puesto de trabajo: El nodo sur representa la historia de tus vidas pasadas y el equipaje kármico que has traído a esta vida. Se manifiesta como una reacción instintiva cuando estás estresado, atemorizado o sobrepasado.

El nodo
norte

Descripción del puesto de trabajo: El nodo norte representa las lecciones que has de aprender en esta vida. Siempre ocupa el signo y la casa opuestos a los del nodo sur. Encarnar sus cualidades suele parecer abrumador, pero si tienes la valentía de hacerlo, las recompensas serán infinitas.

¡Socorro! ¡Tengo casas vacías!

☉ Si observas tu carta astral, verás que hay casas vacías de planetas. ¡No te preocupes! Solo significa que, cuando naciste, no había planetas en ese signo. No es un mal augurio y no significa que suceda nada malo en esa faceta de tu vida. Esa casa está regida por un signo y por el regente de ese signo, lo que ya revela mucho de ti.

Truco avanzado: identifica a los supervisores de cada área

☉ Me gusta pensar en el planeta regente de cada signo como en el supervisor de la casa que ocupa el signo en cuestión. Si ya te sientes cómodo trabajando con signos, casas y planetas, determina dónde está el supervisor de cada casa, para ver la «cultura de trabajo» que aporta a esa faceta de tu vida.

Por ejemplo, si tienes a Aries en la Casa I, Marte será el supervisor de esa casa (aunque esté en otra). Busca qué lugar ocupa Marte en tu carta astral y combina las palabras clave del signo y de la casa de Marte para entender el tipo de cultura que aporta a tu Casa I. Por ejemplo, Marte en Libra en la Casa VII como supervisor de tu Casa I significa que el supervisor de tu escaparate (Casa I) está orientado a la acción (Marte), motivado por el sentido de la justicia (Libra) y centrado sobre todo en el desarrollo de relaciones personales sólidas (Casa VII). Si combinas toda la información, se te percibe (Casa I) como una persona segura de sí misma y dispuesta a afirmarse, sobre todo cuando se trata de proteger la justicia en las relaciones íntimas.

En las pp. 20-23 encontrarás una lista de los signos y de sus regentes.

Aspectos planetarios:
la dinámica del equipo

Los «aspectos» son los patrones que las luminarias, los planetas y los nodos forman entre ellos en la carta astral. Cuando forman un aspecto (cuando forman ángulos específicos entre ellos), quedan vinculados sin remedio. Los aspectos ocurren entre las luminarias, los planetas y los nodos. Algunos ángulos o formas producen un aroma nuevo y delicioso, mientras que otros son más difíciles de equilibrar (piensa en cómo combinarías guindillas y chocolate). Los aspectos añaden profundidad al vocabulario astrológico y ayudan a desentrañar los detalles de tu manual de instrucciones.

Siguiendo con la analogía laboral, imagina que los aspectos representan la dinámica de interacción de tu equipo y describen cómo se llevan tus compañeros de trabajo. Algunos planetas trabajan bien juntos, mientras que otros chocan entre ellos. El conflicto es inevitable, pero si aprendes a gestionarlo o si, al menos, entiendes cómo interactúan tus compañeros, tu vida laboral será mucho más manejable.

No necesitas un transportador para medir los ángulos de tu carta astral, porque el generador de cartas astrales identifica los aspectos por ti. Aparecen como líneas conectadas en el centro de la carta y, con frecuencia, también en una tabla debajo de la carta. Los aspectos varían en función del tipo de astrología que se practique, pero los cinco aspectos tradicionales que aparecen en este apartado son los que se usan con mayor frecuencia.

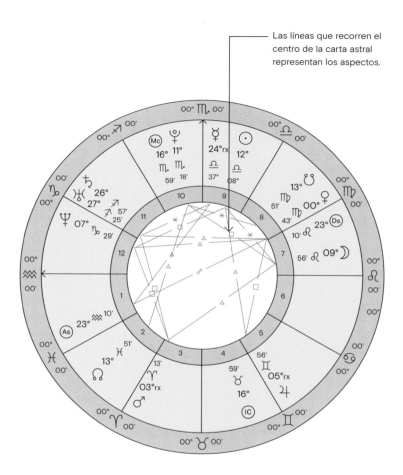

Las líneas que recorren el centro de la carta astral representan los aspectos.

Ejemplo de carta astral

Natalicio
5 de octubre de 1988, miércoles
14:22 AEST – 10:00
Sídney (Australia)

Conjunciones

Palabras clave
fusionar,
combinar,
unificar,
consolidar

Este aspecto ocurre cuando dos planetas están muy cerca el uno del otro en el mismo signo y casa.

¿Cómo es?
Las dos energías se combinan y producen un nuevo sabor híbrido que es una combinación de los dos, como si hubieran tenido un bebé o como si hubieras mezclado dos colores y obtenido uno nuevo.

Haz que funcione
Canalizar el poder de esta energía nueva te resultará fácil. Solo has de identificar los entornos y las relaciones que encajan mejor con esta nueva combinación de sabores. En función de las cualidades de los dos planetas, será armoniosa y útil, inusual o incluso avasalladora.

Sextiles

Palabras clave
atracción,
química,
chispa

Este aspecto ocurre cuando dos planetas están a unos 60° de distancia.

¿Cómo es?
Las dos energías se refuerzan mutuamente y generan una relación electrizante. Es como combinar dos sabores muy distintos (como la sal y el caramelo) que se complementan a pesar de sus diferencias. El caramelo salado sabe mucho mejor que la sal y el caramelo por sí solos.

Haz que funcione
Concéntrate en ser consciente de la chispa entre los planetas y de cómo se manifiesta en tu vida.

Trígonos

Palabras clave
relajación, flujo, armonía

Este aspecto ocurre cuando dos planetas están a 120° de distancia.

¿Cómo es?

Las dos energías se combinan con facilidad, como en los maridajes clásicos (piensa en el pescado y el limón). Estas energías funcionan tan bien juntas que, con frecuencia, se las pasa por alto en favor de combinaciones más interesantes o marcadas.

Haz que funcione

Del mismo modo que no te considerarías un genio de la cocina por depositar una cuña de limón en una bandeja de pescado, la energía del trígono puede ser tan inherente a quién eres que la pasas por alto. La clave del éxito reside en buscar activamente oportunidades para destacar la armonía natural entre los planetas. Busca las características elementales que comparten (siempre son del mismo elemento) para que te indiquen cómo aprovechar al máximo su energía.

Cuadraturas

Palabras clave
fricción, acción, activación

Este aspecto ocurre cuando dos planetas están a 90° de distancia.

¿Cómo es?

Las dos energías chocan de la manera más activadora posible. Es como dos personas que saben cómo hacer saltar al otro y que no están dispuestas a dar su brazo a torcer. No se trata de una tensión simétrica, sino de una fricción imposible de ignorar. El conflicto interior suscita una reacción que exige un trabajo consciente para la integración o la superación. Como las cuadraturas son muy activadoras y ejercen un efecto importante, las que contienen a Venus o a Júpiter pueden ser un activo magnífico.

Haz que funcione

Intenta apreciar las dos energías tal y como un padre o una madre intentarían entender a sus dos hijos en caso de conflicto. Si concedes a ambas energías espacio para brillar (tal y como darías a dos hermanos en conflicto un trabajo que pudieran sentir como propio y que los enorgulleciera), podrás gestionar la tensión de un modo productivo. Piensa en la modalidad que comparten (siempre son del mismo modo) para que te guíe a la hora de sacar el máximo provecho de cada energía.

Oposiciones

Palabras clave
polaridad, indecisión, conciliación

Este aspecto ocurre cuando dos planetas están a 180° de distancia.

¿Cómo es?

Las dos energías ocupan extremos opuestos del espectro energético y chocan frontalmente. Es posible que sientas el vaivén entre ambas tendencias o que te sientas atrapado entre una y otra.

Haz que funcione

La dificultad reside en encontrar un punto medio en el que integrar las mejores cualidades de los dos planetas. Ser consciente de su eje (consulta el apartado sobre los nodos en las pp. 42–43 para saber más acerca de los ejes energéticos entre signos opuestos) y esforzarte en encontrar un término medio será esencial para sacar el máximo provecho a una oposición.

¿Cómo se calculan los aspectos?

☉ Como los planetas no suelen formar aspectos perfectos (por ejemplo, una distancia de 180º exactos para formar una oposición), los astrólogos usan un margen de tolerancia superior e inferior. Este margen recibe el nombre de «orbe».

Distintas ramas de la astrología usan orbes de distinta magnitud y, al igual que sucede con los sistemas de domificación, es un tema que suscita un debate encendido entre los astrólogos profesionales. No es extraño encontrar astrólogos que usan orbes muy estrechos, de solo 3º, o muy amplios, de hasta 10º.

Las preferencias personales y la experiencia te ayudarán a formarte tu propia opinión. En mi caso, uso un orbe de hasta 5º para las conjunciones (es decir, que los planetas pueden estar a hasta 5º de distancia en la carta astral) y de 7º para el resto de los aspectos (sextiles, trígonos, cuadraturas y oposiciones), por lo que se forman con un margen de tolerancia superior e inferior de 7º.

¿Qué son los aspectos duros y blandos?

☉ Se dice que las cuadraturas y las oposiciones son aspectos duros. Las conjunciones, los sextiles y los trígonos se califican de aspectos blandos. Los aspectos duros son más activadores, porque los planetas se desafían mutuamente y luchan para ser escuchados o expresarse.

Esto no significa que sean causas perdidas; un aspecto duro puede producir resultados más identificables si se trabaja con él de forma consciente. Pero como sucede al equilibrar sabores opuestos en una receta, hay que combinar las energías en la medida justa para que no se anulen. Por el contrario, los aspectos suaves combinan sin dificultad los sabores de los planetas implicados y producen una receta nueva. Sus beneficios llegan solos, porque las cualidades que aportan forman parte de quiénes somos y se presentan como talentos o capacidades naturales (sobre todo en el caso de los trígonos).

II

INSPÍRAME ☽

(AS)

ENTIENDE
TU SOL

Si eres un recién llegado al mundo de la astrología, lo más probable es que conozcas sobre todo la energía de tu signo solar. Es el signo que lees en los horóscopos de las revistas e incluso las personas más escépticas conocen el suyo.

No es casual que el Sol sea el sabor más conocido de la carta astral, porque esta luminaria trata, precisamente, de estar en primera fila, de ser el centro de todas las miradas. Dar un paso adelante, destacar y brillar son sinónimos de una energía solar potente.

Además de ser la estrella de rock residente, el Sol aporta mucha información acerca de tu personalidad, de tu visión del mundo y, quizás lo más importante de todo, de qué necesitas para sentirte inspirado, creativo, lleno de energía y seguro de ti mismo. El Sol es aún más importante para las personas que nacen de día.

Cuándo usar este capítulo

Consulta este capítulo siempre que te falte energía, inspiración o seguridad en ti mismo. En función de tu carta astral, es posible que te sientas atraído de forma natural por personas, situaciones y oportunidades que alimenten a tu Sol. Sin embargo, hay quien necesita trabajar esta energía de forma consciente si quiere conseguir los mejores resultados.

Si comienzas a honrar a tu Sol, te notarás más ligero, luminoso y vital. Es lo que se suele describir como «vivir en estado de flujo».

Si te sientes invisible

El Sol te ayuda a entender la relación que mantienes con los focos y puede ser muy reafirmante si, hasta ahora, has tenido la sensación de que algo va mal en ti porque no anhelas tomar las riendas. No todos hemos nacido para ser el solista del grupo. ¡Y no pasa nada! Sin embargo, incluso los más tímidos tenemos un lugar especial, un lugar en el que nos llenamos de vida y brillamos de verdad. Si quieres saber dónde y cuándo te sientes más cómodo siendo visto (por introvertido que seas), la clave está en tu energía solar.

Si te falta inspiración

Como el Sol describe el origen de tu poder personal y de tu soberanía, es el primer puerto en el que recalar si te sientes apagado. Con frecuencia, cuando nos sentimos «psé», la solución es sencilla: hemos estado llenando el depósito con el combustible equivocado. Si ahondas en el conocimiento de tu Sol, podrás determinar exactamente qué energía necesita tu sistema para alcanzar su máximo rendimiento.

Si quieres disparar tu creatividad

Una de las funciones más mágicas del Sol es la de conectarte con tu creatividad. Todos tenemos la capacidad y la necesidad de crear, incluso si durante la infancia no se nos animó a ello. Conectar con la energía solar te ayudará a entender tu combinación única de magia creativa. Que no te guste dibujar no significa que no seas creativo. Quizás tu versión de la creatividad es cómo ordenar y organizar los armarios. (¡Llamando a todos los Soles en Virgo de la Casa VI!) El Sol te ayudará a reconfigurar tu relación con la creatividad y a adoptar prácticas que nutrirán tu alma.

Si te falta seguridad en ti mismo

El Sol tiene que ver con nuestra relación con la fanfarronería. Su signo, casa y aspecto determinan con cuánta bravuconería innata contamos y los tipos de situaciones o de actividades que alimentan nuestra motivación y nuestro ego. Si andas falto de seguridad en ti mismo, cultivar tu energía solar puede ser una manera muy efectiva de alimentar tu autoestima y de encontrar tu ritmo.

Iluminar motivaciones y puntos de vista: entender la energía solar de los demás

☉ ¿No te entiendes con tu jefe o hay algún familiar con el que siempre vas a contrapié? Es posible que estudiar su signo solar te ayude a entender la estructura o lente desde la que dan sentido a la vida. Como el Sol tiene que ver con nuestro yo racional y egoico, constituye una herramienta excelente para entender la visión del mundo de otras personas. Por eso, es habitual que nos sintamos atraídos o que entendamos mejor a personas con las que compartimos signo solar. Una vez entendemos el prisma que usan para entender sus experiencias, comprender su conducta es mucho más fácil.

Cómo aprovechar al máximo este capítulo

En primer lugar, usa la información de este capítulo para completar la ficha «Trabaja con tu Sol», que encontrarás en **theastrologyofyou.com/spanishworksheets/** o escaneando el código QR de la p. 176. Completar la ficha te ayudará a reunir todas las cualidades de tu Sol (signo, casa, elemento, modo, etc.) y a ahondar en cómo se manifiesta la energía solar en tu vida cotidiana.

A continuación, responde en tu diario a las preguntas al pie de tu signo para explorar qué necesitas a fin de avivar tu fuego solar y traer más energía, creatividad y vitalidad a tu vida.

El Sol y las casas

⊙ Identificar la casa que ocupa tu Sol te proporcionará un nivel de detalle adicional que te ayudará a entender qué necesitas para brillar con luz propia. En las pp. 28-35 encontrarás más información acerca de las casas.

El Sol en la Casa I refleja seguridad en quién eres. «Lo que ves es lo que hay» es cierto para ti. Tu manera de ver el mundo coincide con cómo te perciben los demás.

El Sol en la Casa II refleja que la seguridad material es importante para ti. Desarrollar una fuente independiente de capital personal (tanto emocional como material) te dará energía y seguridad en ti mismo.

El Sol en la Casa III refleja que ves el mundo como un lugar interesante que explorar. Expresarte y aprender de la experiencia y de otras personas te aporta seguridad en ti mismo y energía.

El Sol en la Casa IV refleja que ves el mundo como un lugar en el que construir tu santuario. Los entornos y las relaciones que te hacen sentir como en casa nutren tu seguridad en ti mismo y tu sensación de serenidad.

El Sol en la Casa V refleja que ves el mundo como un lienzo en blanco. Te realizas cuando encuentras la manera de expresar tu creatividad y cuentas con multitud de oportunidades para relajarte y divertirte.

El Sol en la Casa VI refleja que, para ti, el trabajo duro es una parte esencial de la vida. Tu seguridad en ti mismo y tu vitalidad aumentan cuando tienes la oportunidad de dedicarte a tu vocación, de ser útil y de marcar la diferencia.

El Sol en la Casa VII refleja que ves el mundo como un lugar que mejorar con la conexión y la colaboración. Las oportunidades de colaborar, de aprender de las relaciones y de forjar vínculos profesionales y personales sólidos te llenan de energía y de seguridad en ti mismo.

El Sol en la Casa VIII refleja que ves el mundo como una realidad compleja y con múltiples niveles de profundidad. Las oportunidades de indagar bajo la superficie para entender las cosas a fondo alimentan la seguridad en ti mismo. Tiendes a pasar desapercibido y a sentirte incómodo si acaparas las miradas. Es posible que te atraigan áreas de la vida ocultas o «en la sombra».

El Sol en la Casa IX refleja que ves el mundo como un lugar del que aprender y que descubrir. Viajar, formarte o ahondar en tu comprensión del mundo a un nivel espiritual o psicológico alimenta tu seguridad en ti mismo y tu vitalidad.

El Sol en la Casa X refleja que ves el mundo como un lugar en el que tener éxito y ser visto. Alcanzar tus objetivos, hacerte ver y probar las cosas (sobre todo si tienes público), aumenta tu seguridad en ti mismo y tu vitalidad.

El Sol en la Casa XI refleja que entiendes la vida como un deporte de equipo. Te sientes seguro y lleno de vitalidad cuando conectas con amigos y cuando sientes que formas parte de algo, te sientes aceptado y vives en comunidad.

El Sol en la Casa XII refleja que ves el mundo como un lugar de luces y sombras. Quizás mantengas una relación de amor-odio con la fama y haya una parte de ti que anhela ser vista y otra que se siente sobrepasada cuando eres el centro de atención. Es una ubicación muy habitual en personas famosas y en artistas.

Planetas en aspecto con el Sol

☉ Examinar los planetas en aspecto con tu Sol aportará aún más riqueza a tu historia solar. A continuación, encontrarás indicaciones para descodificar la tuya. En la p. 36, puedes consultar qué representan cada uno de los planetas que aparecen en tu carta astral.

Los planetas en cuadratura con el Sol... aportan una fricción palpable a tu energía solar. Las cualidades del otro planeta electrifican los atributos del Sol, chocan con su energía y te retan a encontrar el modo de integrarlos a ambos. Si no se controla, la cuadratura puede resultar avasalladora e intensa, pero si se trabaja de forma consciente, puede ser potente y prolífica.

Los planetas en oposición al Sol... desafían al poder solar. Las cualidades del otro planeta entablarán un tira y afloja con el Sol. Es posible que bascules entre ambas energías o que te sientas dividido respecto a cómo enfocas ciertas situaciones en la vida. Tu reto consiste en encontrar un punto medio entre ambas energías.

Los planetas en conjunción con el Sol... fusionan las cualidades del otro planeta con la energía solar. El Sol y el otro planeta se combinan en una batidora cósmica y dan lugar a una nueva encarnación de tu Sol, como si este se hubiera juntado con el otro planeta para crear un sabor completamente nuevo.

Los planetas en trígono con el Sol... aportan un matiz armonioso a tu energía solar. Las cualidades del otro planeta aparecen como un condimento suave y natural que adereza a tu Sol. Son como las ventanas tintadas de un automóvil: van muy bien cuando se tienen, pero es poco probable que se echen de menos si no es así.

Los planetas en sextil con el Sol... aportan cierta chispa al Sol. Es una combinación armoniosa, como la del trígono, pero tiene más fuerza, porque la química de los dos planetas al combinarse es más dinámica. Es agradable contar con ella (como con los trígonos), pero se hace notar más y es más emocionante. Siguiendo con la analogía del automóvil, es como la tapicería de piel o un buen equipo de música.

Sol en
Aries

Esta energía solar, motivada por el deseo de competir, ganar y tomar las riendas, se crece con las experiencias vividas en primera persona. No te preocupes por lograr la perfección, da un paso al lado y deja que un Sol en Aries asuma el liderazgo.

Fuente de energía principal: Participación

El Sol en Aries se alimenta de la necesidad de intervenir. Quedarte al margen observando cómo otros se ponen manos a la obra es una fórmula catastrófica, porque no solo te resulta frustrante, sino también incapacitante. Necesitas participar en las tomas de decisión y tener la oportunidad de intervenir.

Perspectiva personal: La vida es un deporte competitivo

Para el Sol en Aries, la competitividad surge de la necesidad innata de mejorar continuamente. Sí, es cierto que leerás mucho acerca del anhelo de Aries de superar a todo el mundo (les encanta ganar), pero a quienes quieren superar en realidad es a sí mismos (y a su mejor marca personal).

Inspiración creativa: Abrirse camino

A la energía de Aries no se le da demasiado bien acatar órdenes, algo que, en la vida cotidiana, no siempre es muy práctico: hay normas que hay que seguir, y punto. Sin embargo, cuando hay que salir de un bloqueo creativo, buscar maneras de abrir un camino propio resulta muy energizante. Gestiona los bloqueos artísticos olvidándote de los manuales y haciendo las cosas a tu manera. Encontrar cómo alimentar tu independencia hará que te sientas vivo de verdad.

Cultivar la seguridad en ti mismo: Ganar

Si te ves superado por alguna situación, reserva tiempo para hacer algo que se te dé especialmente bien. Nada alimenta más la seguridad en sí mismo de un Aries que ganar en lo suyo. Recordarte lo excelente que eres en un ámbito concreto hará maravillas por tu ego.

Cuando te sientas psé: Muévete

Por mucho que detestes la idea de hacer ejercicio (sí, al contrario de lo que se suele creer, no todos los Aries viven para el ejercicio), así movilizarás la energía estancada y alimentarás la energía yang que Aries necesita para ser feliz.

Preguntas para el diario

¿En qué ámbitos de mi vida llevo el timón?

¿En qué ámbitos de mi vida me siento capacitado para liderar?

¿Qué actividades o experiencias hacen que me emocione estar vivo?

¿Qué se me da bien de verdad?

¿De qué me siento más orgulloso?

¿Cómo puedo sacar el máximo partido a esas habilidades o logros en mi vida cotidiana?

Sol en *Tauro*

El Sol en Tauro brilla cuando está rodeado de las cosas que le parecen más bellas. El secreto de la felicidad verdadera para Tauro reside en construir una vida basada en lo que le apasiona.

Fuente de energía principal: Comodidad

Para el Sol en Tauro, una vida sin placer es una vida a medias. Esto no significa que todos los Tauro necesiten sentarse al volante de un coche de lujo, sino que han de tener el espacio, el tiempo o los medios necesarios para disfrutar de su fuente de felicidad personal.

Perspectiva personal: Despacito y buena letra

La receta de la buena vida para el Sol en Tauro es poder hacer las cosas a su propio ritmo. Tanto si reservas unas vacaciones como si compones una canción, es posible que lo que otros consideran lentitud no sea más que Tauro haciendo las cosas a su manera. Como al toro, no se te puede meter prisa. Este signo es sinónimo de fortaleza y, en ocasiones, de terquedad. La vida no es una carrera para ti. ¿A qué vienen tantas prisas?

Inspiración creativa: Belleza

¿Qué no es una inspiración creativa para el Sol en Tauro? Este signo regido por Venus ve belleza allá donde mira. Cualquier experiencia sensorial puede prender su mecha al instante.

Alimenta tu llama creativa sumergiéndote en obras de arte o en parajes naturales que te conmuevan.

Cultivar la seguridad en ti mismo: Certeza

La certeza, la seguridad, es uno de los principales motivadores de la energía de Tauro. Si le estás dando vueltas a alguna decisión, pecar de precavido es la mejor estrategia para ti. Tauro no es amigo de las sorpresas. En caso de duda, apuesta a lo seguro.

Cuando te sientas psé: Da prioridad al placer

Encontrar lo que te gusta, tanto si se trata de pasear por la naturaleza, del cine extranjero o de las maquetas ferroviarias (¡no te juzgo!) y convertirlo en una prioridad real en tu vida te revitalizará al instante.

Preguntas para el diario

¿En qué ámbitos de mi vida me siento más inspirado creativamente?

¿Con cuánta frecuencia dedico tiempo a lo que me inspira?

¿Qué personas/lugares/actividades me hacen sentir bien?

¿Cuán seguro y a salvo me siento en mi mundo material?

¿Cómo puedo generar estabilidad y sentirme más seguro en mi vida cotidiana?

Sol en *Géminis*

El Sol en Géminis posee una energía cinética contagiosa que lo lleva a demostrar un interés genuino por el mundo que lo rodea y lo convierte en una compañía muy interesante.

Fuente de energía principal: Información

El aprendizaje alimenta el fuego del Sol en Géminis. La estimulación es esencial. Esto se puede manifestar como una torre de libros en la mesita de noche o en una larguísima lista de tareas pendientes (o, a poder ser, ambas cosas). Aunque no todos los Géminis encajan en el estereotipo de mariposilla social, en algún rincón de tu interior se esconde una curiosidad innata que te lleva a preguntar (aunque solo sea mentalmente): «¿Por qué?».

Perspectiva personal: ¿Por qué hay que elegir?

La curiosidad, el contraste, la multiplicidad… Estos son los superpoderes del Sol en Géminis. Difícil de definir e imposible de encasillar, la capacidad del Sol en Géminis para sopesar todas las caras de una misma historia te permite ser el abogado del diablo sin resultar antagónico.

Inspiración creativa: Cambio

El dicho «el cambio es la única constante en la vida» aterra a la mayoría de las personas, pero no a Géminis, para quien es un sueño hecho realidad. Cualquier variación, ya se trate de levantarse del sofá para dar un paseo o de mudarse a otra ciudad, es el secreto para movilizar los engranajes creativos de Géminis.

Cultivar la seguridad en ti mismo: Pivotar

Hacer algo que exija adaptabilidad, capacidad de análisis y la voluntad de probar algo nuevo reforzará la confianza en ti mismo. Encontrar una afición o un proyecto que apele a tu flexibilidad disparará tu energía. Y, si todo falla, prueba algo nuevo.

Cuando te sientas psé: Llama a un amigo

La vitalidad natural del Sol en Géminis lleva a que, con frecuencia, seas la cola que mantiene unido al grupo. Pedir ayuda y conectar cuando no estés en tu mejor momento será un antídoto contra el letargo. Si no lo cuentas, se quedará dentro, una situación menos que ideal para este signo regido por Mercurio.

Preguntas para el diario

¿En qué facetas de mi vida dispongo de libertad para cambiar las cosas?

¿Dónde puedo ser más flexible o facilitar más cambios en mi vida?

¿Cómo puedo dar prioridad a la conexión social en mi rutina cotidiana?

¿Qué he querido aprender siempre (pero no he aprendido hasta ahora)?

¿Qué grandes ideas me mantienen en vela por la noche? ¿Cómo podría empezar a explorarlas?

Sol en *Cáncer*

Como signo regido por la Luna, ser el centro de atención no siempre es una de las principales prioridades para Cáncer. Como el cangrejo, prefiere quedarse en su concha, pero la fachada recelosa oculta un alma sensible e intuitiva motivada por el deseo de amar y dar.

Fuente de energía principal: Nutrición

El Sol en Cáncer anhela nutrir y sentir... con frecuencia, tanto literal como figuradamente. Sin embargo, esto no quiere decir que desee cocinar para todo el que conoce. Uno se ha de ganar la devoción de este signo solar. No hay furia más helada que la de un cangrejo airado.

Perspectiva personal: Se recibe lo que se da

Como la Luna, la energía de Cáncer tiene la cualidad del reflejo. Le encanta dar, pero exige cierta reciprocidad. Como la lealtad de Cáncer no conoce límites, espera lo mismo y no teme llevar la cuenta (y sentir el dolor de la decepción) cuando los demás no están a la altura.

Inspiración creativa: Relajación

Cáncer tiende a absorber la energía de su entorno, lo que puede ser agotador. Descansar en casa es fundamental para el bienestar general de este signo solar. Esto no significa que se tenga que quedar en casa las siete noches de la semana, pero sí que la familiaridad puede inspirar su flujo creativo. Dar prioridad a encontrar el equilibrio entre salir y quedarse en casa ayudará a Cáncer a mantener viva la inspiración.

Cultivar la seguridad en ti mismo: Cuidar

Cáncer se nutre de dar, recibir y compartir. Nada refuerza la seguridad en sí mismo de un Cáncer como tener la oportunidad de cuidar de algo. Mascotas, personas, plantas, casas... elige el objetivo de tus cuidados y ponte manos a la obra.

Cuando te sientas psé: Date un respiro

Tu luminosidad crece y mengua, como la de la Luna. No pasa nada por no estar «encendido» todo el tiempo. Gestiona el tiempo y las expectativas para evitar el desencanto. Cuanto antes asumas que tus niveles de energía tienden a fluctuar, mejor.

Preguntas para el diario

¿Cómo expreso la compasión y los cuidados en mi vida?

¿Cuánto tiempo dedico al descanso?

¿Cuándo me he sentido seguro/feliz/querido? ¿Cómo puedo integrar esos recuerdos en mi proceso creativo?

¿Cuándo me siento más valorado?

Sol en *Leo*

El Sol se siente como en casa en Leo (es su regente), por lo que su energía es imparable. Cálido, generoso y divertido, nadie puede evitar sentirse más vivo cuando está en la órbita de Leo.

Fuente de energía principal: Atención

Es un cliché porque es cierto: Leo obtiene energía cuando está en el centro. Cual Sol en el sistema solar, la experiencia de estar justo en el centro de todo, con los demás girando a tu alrededor aunque solo sea durante unos instantes, hace que te sientas bien.

Perspectiva personal: ¡Yo puedo!

Leo ve el mundo desde la potencialidad. La alegría y la diversión están ahí para disfrutarlas y Leo tiene el valor de ir a por ellas, así que ¿por qué no habrían de ser suyas? La tendencia a nunca decir que no puede ser tanto un superpoder como una maldición, porque hace a Leo inesperadamente fiable, pero también increíblemente terco.

Inspiración creativa: Expresión personal

La oportunidad de alzar la voz y de ser escuchado/visto/leído; eso es todo lo que Leo necesita para que los engranajes de la creatividad empiecen a girar. Crear algo que sea solo tuyo, ya se trate de un cuadro o de un discurso comercial, y saber que será bien recibido por los demás te motiva a esforzarte al máximo.

Cultivar la seguridad en ti mismo: Creatividad

Compartir por voluntad propia algo con el mundo hace maravillas por el ego. Leo posee la magia interior necesaria para crear; la clave reside en recordar que cuentas con ella y en darle prioridad con frecuencia.

Cuando te sientas psé: Recalibra la energía

Leo puede quedar atrapado en las opiniones que los demás tienen de él o ella. El sencillo acto de recuperar la propia energía (literalmente, ponte delante del espejo y di en voz alta: «¡Quiero recuperar mi energía!») te ayudará a recalibrarte.

Preguntas para el diario

¿Cuándo me siento más capaz de dar un paso adelante y ser visto?

¿Qué situaciones o entornos me inspiran a destacar?

¿En qué facetas de mi vida doy prioridad a la creatividad?

¿Cómo puedo hacer de la creatividad una prioridad más importante?

Sol en
Virgo

A Virgo le encanta la emoción de encontrar soluciones a problemas. Cuando se pregunta «¿Puedes arreglarlo?», la respuesta del Virgo que esté más cerca será siempre: «¡Sí, puedo!».

Fuente de energía principal: Resolución de problemas

Las oportunidades para ser útil alimentan la energía de Virgo. Tanto si se trata de ayudar a un amigo con la mudanza, de agilizar un proceso de trabajo o de encontrar los pantalones más favorecedores, la investigación y el perfeccionamiento te llenan de energía. Cuando no hay posibilidad de ayudar a otro, te lanzas a proyectos de crecimiento personal.

Perspectiva personal: Siempre hay margen de mejora

El perfeccionamiento es un reflejo innato para Virgo. Ningún signo es más productivo que un Virgo funcional, aunque también se puede pasar de frenada. Trabajar demasiado es un riesgo para ti. Quedarte quieto, relajarte y aceptar ayuda también te puede resultar muy incómodo.

Inspiración creativa: Editar

Para Virgo, una hoja de papel en blanco es mucho más abrumadora que un manuscrito enmarañado. Trabajas mejor cuando tienes algo sobre lo que trabajar, tanto si es un armario caótico como un proyecto imposible, desentrañar y mejorar una situación hasta volverla ideal es la chispa de tu creatividad.

Cultivar la seguridad en ti mismo: Ayudar

Ayudar a otros a lograr un objetivo o a mejorar un resultado es la manera más sencilla de recuperar la confianza en ti mismo. Ayudar a otros apela a tu altruismo innato y pone de manifiesto tu pragmatismo terrenal.

Cuando te sientas psé: Descansa

Las expectativas elevadas, una ética laboral legendaria y una mente extremadamente analítica llevan a que el descanso sea uno de los mayores retos para Virgo. Como desconectar y tomarse las cosas con calma no está en el diccionario de Virgo, intenta abordar el descanso como un desafío. Agéndalo, investiga distintas maneras de hacerlo (como distintos tipos de meditación, aplicaciones de *mindfulness* o retiros de bienestar) y establece objetivos de descanso. Aunque puede parecer absurdo para otros signos, para ti, esta es la mejor manera de garantizar que lo haces.

Preguntas para el diario

¿Cuándo me siento más útil?

¿Qué posibilidades tengo de ayudar a otros o de mejorar sus vidas?

¿Qué áreas o intereses me gusta organizar o clasificar?

¿Cómo puedo integrar esas áreas o intereses en mi vida cotidiana?

¿Cómo es mi protocolo de descanso? ¿Cómo puedo perfeccionar mi estrategia de descanso?

Sol en *Libra*

Si tu Sol está en Libra, las relaciones son el eje central de tu existencia. Ya se trate de amor, de amistad, de ser celebrado en el trabajo o de todo lo anterior, las emociones y las opiniones de los demás (acerca de ti) te importan, y mucho.

Fuente de energía principal: Conexión

Las personas con el Sol en Libra son como un unicornio que se alimenta de la energía de los demás. Y no solo de un mero círculo estrecho de incondicionales: la energía de Libra prende en compañía de otros, incluso si se trata de personas muy distintas a él o ella. De hecho, si son muy distintas, mejor que mejor. Ver las cosas desde otro punto de vista es un imán para ti.

Perspectiva personal: ¿Qué te parece A TI?

Aunque no siga los consejos de los demás (de hecho, con frecuencia hace justo lo contrario), se puede contar con que Libra busque una segunda opinión. Evaluar situaciones y relaciones desde todos los ángulos posibles es tu estrategia definitoria. El deseo de equilibrio te convierte en un mediador nato, aunque también te puede llevar a obcecarte con explorar «el otro lado de la historia» hasta el punto de resultar antagónico o terco.

Inspiración creativa: Equilibrio

Libra es un esteta nato y su tendencia al equilibrio se transforma en un talento para disponer objetos, artículos y horarios «a la perfección». Ya sea una lista de invitados, el itinerario de las vacaciones o los muebles del comedor, Libra es un experto a la hora de encontrar la combinación ideal.

Cultivar la seguridad en ti mismo: Interacción

Aceptar una invitación aleatoria, decir que «sí» a una cita imprevista o quedar con ese amigo al que no ves desde hace tiempo reforzará la seguridad en ti mismo. Aprovecha las oportunidades para relacionarte y absorber la energía de los demás y recuperarás la seguridad en ti mismo en un abrir y cerrar de ojos.

Cuando te sientas psé: Insiste en la soledad

Como presta tanta atención a lo que sucede a su alrededor, es fácil que las opiniones de los demás acaben confundiéndolo o abrumándolo. Estar a solas quizás no te resulte especialmente cómodo, pero es esencial, porque estar alejado del ruido de los demás te ayudará a conectar con tus verdaderas necesidades.

Preguntas para el diario

¿Cómo doy prioridad a las relaciones sociales en mi vida?

¿Qué entornos y relaciones evocan calma y equilibrio en mí?

¿En qué facetas de mi vida puedo explorar ideas, lugares y personas con posturas distintas a las mías?

Si no tuviera en cuenta a nadie más, ¿qué actos sencillos traerían alegría a mi vida?

Sol en
Escorpio

La fuerza del Sol en Escorpio reside en su capacidad de observación. A este signo no se le pasa por alto nada. Aunque parezca que no presta atención... ¡vaya si la presta!

Fuente de energía principal: Control

A casi nadie le gusta sentirse indefenso, pero la autonomía es la fuerza vital de Escorpio. Tanto si es la sensación de control sobre el propio trabajo, la salud, el amor o todo lo anterior, el poder personal es la clave de la felicidad para ti.

Perspectiva personal: ¿Qué pasa en realidad?

Este signo es extraordinariamente observador, por lo que es un excelente juez de la personalidad, un detective nato y, en ocasiones, un apasionado de la teoría de la conspiración. En parte, eso lleva a que seas muy reservado y explica por qué hay quien dice que eres difícil de leer. También eres escéptico por naturaleza, un as del diagnóstico y un estratega magnífico.

Inspiración creativa: Profundidad

Una cosa es segura: Escorpio solo se inspira creativamente si hace lo que le apetece con total abandono. Nada hace que Escorpio se desinfle con mayor rapidez que la superficialidad. Quedarse en la superficie, escatimar los detalles o hacer las cosas sin pasión no satisface a este signo solar.

Cultivar la seguridad en ti mismo: Solución de problemas

Escorpio se siente muy bien cuando puede poner en práctica sus dones de investigación y orientarse a un objetivo. Quizás sea algo tan sencillo como averiguar por qué Apple TV ha dejado de funcionar o indagar en tu genealogía. Aprovecha la oportunidad de ahondar y de averiguar la verdad acerca de algún misterio que te haya despertado la curiosidad.

Cuando te sientas psé: Ríndete

Por mucho que le guste controlar la situación, bajar la guardia de vez en cuando es vital para el bienestar de Escorpio. Has de contar con un espacio seguro o con una relación de confianza a los que recurrir en situaciones de crisis.

Preguntas para el diario

¿En qué facetas de mi vida me siento lo bastante seguro como para ser totalmente honesto?

¿Dónde y cuándo (y con quién) me siento seguro renunciando al control?

¿A qué intereses o pasiones me gustaría dedicar más tiempo para sumergirme completamente en ellas?

¿En qué áreas de mi vida me falta profundidad?

¿Cómo puedo aportar más profundidad a esas áreas?

Sol en *Sagitario*

La energía de Sagitario tiene algo irresistiblemente carismático. Sabe lo que le gusta, está seguro de su opinión y casi siempre está dispuesto a lanzarse a la aventura.

Fuente de energía principal: Honestidad

El Sol en Sagitario necesita espacio para hacer, ser y expresarse sin censura. Esta libertad para compartir cómo te sientes, qué quieres y, sobre todo, en qué crees te mantiene con la energía en niveles máximos.

Perspectiva personal: En mi opinión...

¿En qué crees? Es una pregunta complicada y la mayoría de las personas necesitaríamos tiempo para reflexionar, pero un Sagitario casi siempre podrá responder sin preámbulos. Sagitario no mide las palabras y siempre tiene una opinión... incluso si no está cualificado para darla.

Inspiración creativa: Libertad

Trabajar sin parámetros estrictos es un elemento integral del proceso creativo para Sagitario. A este signo no le gusta que lo coarten, ni literal ni figuradamente hablando. Para mantener viva la inspiración artística, necesitas participar en oportunidades en las que puedas llevar el timón y marcar tu propio rumbo.

Cultivar la seguridad en ti mismo: Ser escuchado

A este signo de fuego le encanta compartir sus ideas, tanto si reflexiona en voz alta acerca de su música preferida como si habla de sus teorías sobre política internacional. Estar en compañía de personas que te escuchen arrobadas es una manera fantástica de reforzar la seguridad en ti mismo.

Cuando te sientas psé: Prueba a cambiar de ambiente

El apetito de Sagitario por los horizontes despejados se puede manifestar de un modo muy literal. Si no te acabas de encontrar bien, escapar del día a día, aunque solo sea para una miniexcursión a una hora de distancia de donde vives, te ayudará a reiniciar el sistema.

Preguntas para el diario

¿Cuándo me siento más libre para expresar mis opiniones?

¿Qué o quién me motiva?

¿En qué facetas de mi vida me siento limitado o reprimido a la hora de ser yo mismo?

¿Cómo puedo dar prioridad a la libertad y al espacio personal en mi día a día?

¿Qué oportunidades o entornos me permiten trazar mi propio rumbo?

Sol en
Capricornio

Capricornio es sinónimo de excelencia y las personas con el Sol en Capricornio se crecen ante la oportunidad de conseguirla. Si llegara el Armagedón, busca a un Capricornio y pégate a él.

Fuente de energía principal: Estabilidad

Incluso los Capricornio más relajados necesitan cierta estabilidad. Esa estabilidad resultará distinta para cada uno y tanto puede tratarse de una cartera de propiedades como una relación sólida o un hogar estable. Sea lo que sea para ti, trabajar para conseguir un objetivo a largo plazo (por humilde que sea) mantendrá tu energía en niveles óptimos.

Perspectiva personal: Despacito y buena letra

Capricornio tiene a Saturno como regente, por lo que posee una afinidad especial con el tiempo. Su visión del mundo y su manera de entender la vida reflejan el valor que otorga al tiempo y al legado. El deseo de conseguir el éxito y de dejar huella cala hondo, así como la visión a largo plazo.

Inspiración creativa: Excelencia

No hay signo que aspire a la excelencia como Capricornio. ¿Que es difícil? ¿Que exigirá tiempo? No hay problema. Capricornio seguirá avanzando paso a paso mucho después de que los demás hayamos desistido y vuelto a casa.

Cultivar la seguridad en ti mismo: Liderar

Aunque tomar las riendas es algo natural para Capricornio, lo que hace que la seguridad en ti mismo se dispare es la sensación de sentirte capaz. Tu capacidad innata para mantener la calma bajo presión (aunque por dentro no tengas ni idea de qué has de hacer) es tu superpoder y un atajo directo a la autoestima. La negociación, la estrategia y todo lo que exija una previsión extraordinaria te ayudará a sentirte orgulloso de ti mismo.

Cuando te sientas psé: Fíjate un objetivo

Lo peor que le puede suceder a un Capricornio es vagar sin rumbo. Fíjate un objetivo y trabaja para conseguirlo, incluso si se trata de algo trivial como mejorar la marca personal en el gimnasio o aprender un nuevo truco de belleza, te ayudará a recuperar la energía.

Preguntas para el diario

¿En qué facetas de mi vida me falta dirección o ambición?

¿Qué entornos o relaciones me ayudan a sentirme responsable?

¿Qué proyectos a largo plazo tengo en marcha?

¿Qué actividades o entornos me hacen sentir más capaz?

¿Dónde me veo en cinco, diez o quince años? ¿Qué puedo hacer hoy para avanzar hacia esos objetivos?

Sol en
Acuario

Analíticas, individualistas y de convicciones inquebrantables, las personas con el Sol en Acuario son mucho más que el arquetipo de genio excéntrico, aunque también lo son, y mucho.

Fuente de energía principal: Independencia

Los Acuario se sienten vivos cuando siguen sus propias normas. Tu talento natural para encontrar puntos de vista diversos alimenta tu necesidad de hacer las cosas a tu manera y los análisis complejos refuerzan tu ego. Tienes la capacidad de identificar problemas a nivel macro y, luego, diseñar la solución para resolverlos.

Perspectiva personal: Observador externo

La sensación de pertenencia es uno de los temas centrales de la experiencia de Acuario. Como te sientes excluido y ajeno al grupo pero anhelas la conexión, entiendes el mundo desde la estructura de la aceptación y la comunidad. Esta paradoja es lo que hace tan maravillosos y complejos a los Acuario.

Inspiración creativa: Autenticidad

A pesar de su deseo de conexión, Acuario disfruta haciendo las cosas a su manera. Cualquier tipo de arte, expresión personal u oportunidad profesional que permita brillar a tu verdadero yo activará tu creatividad. Del mismo modo, estar en compañía de personas auténticas y fieles a sí mismas será un potente acelerador creativo.

Cultivar la seguridad en ti mismo: Innovación

Como, por naturaleza, Acuario aborda los problemas desde una perspectiva global, la oportunidad de trabajar sin normas mejorará al instante tu estado de ánimo. Busca oportunidades para experimentar o improvisa. En caso de duda, opta por lo raro.

Cuando te sientas psé: Busca a tu gente

Nada activa a un Acuario más que estar en compañía de personas afines. Tanto si es un festival de música como un foro en línea o una ONG, formar parte de algo más grande que tú será una manera fantástica de quitarse un peso de encima y de conectar con la alegría.

Preguntas para el diario

¿Cuándo me siento más seguro para ser yo mismo?

¿Con quién me siento más conectado ideológicamente?

¿Cómo puedo reforzar mi relación con la comunidad?

¿Qué me hace único? ¿Cómo puedo manifestar esta faceta en mi día a día?

¿Dónde me siento más aceptado?

Sol en *Piscis*

Aunque son profundamente creativas, las personas con el Sol en Piscis son mucho más que eso. La compasión, la intuición y el deseo de unirse a algo significativo constituyen el núcleo duro de su energía.

Fuente de energía principal: Entrega

El anhelo profundo de trascender, escapar y, sobre todo, entregarse sincera y completamente a algo (ya sea el amor, el trabajo o el arte) es el hilo conductor de toda la energía de Piscis. Este signo anhela perderse en el proceso. El resultado es secundario. El reto principal es encontrar una salida merecedora de tanta pasión y visión.

Perspectiva personal: Trascender lo cotidiano

Piscis tiene a Júpiter por regente, por lo que ve el mundo más allá de lo cotidiano. Clasificar y etiquetar experiencias, personas o lugares no te interesa ni el sentido práctico ni en el filosófico. El universo es un espacio enorme repleto de posibilidades y de magia; organizar las cosas es una pérdida de tiempo, un tiempo que se puede invertir en objetivos mucho más significativos.

Inspiración creativa: Sentido

La clave reside en aprender a hallar la magia en lo mundano. Ir poco a poco y concederte la oportunidad de acceder a la sabiduría más profunda de todas las experiencias (incluso de las aparentemente aburridas y cotidianas) encenderá tu llama creativa.

Cultivar la seguridad en ti mismo: Amor

Como a los Soles en Piscis les encanta entregarse plenamente a lo que les importa (trabajo, relaciones, proyectos...), nada los hace sentir más seguros que poder darlo todo. Probablemente, no hay otro signo que necesite tanto encontrar lo que ama y hacerlo cada día.

Cuando te sientas psé: Descansa

La tendencia a entregarte por completo aumenta peligrosamente el riesgo de que te acabes quemando. Es importante que te obligues a descansar, no solo físicamente, sino también emocionalmente. Si la jarra se vacía, no podrás ofrecer nada.

Preguntas para el diario

¿En qué facetas de mi vida me puedo sumergir completamente?

¿Cuándo me siento conectado con algo significativo?

¿Con qué sueño despierto con más frecuencia? ¿Cómo lo puedo integrar en mi realidad cotidiana?

¿Dónde y cuándo me siento con libertad para expresar mi creatividad sin límites?

¿Con qué frecuencia puedo escapar de lo cotidiano con algo, o alguien, que me importe?

III

CUÍDAME

ENTIENDE
TU LUNA

Si haces una breve incursión en la astrología de las relaciones, Google te dirá que la clave está en Venus. Efectivamente, Venus describe cómo te relacionas con los demás y qué te genera placer. Sin embargo, en mi opinión, la Luna proporciona la información más relevante sobre el amor, mientras que los signos lunares revelan el lenguaje de amor más visceral. Hablan de cómo «practicas» el amor antes de que hayas dicho ni una sola palabra al respecto o hayas tocado a la otra persona. Por eso, la Luna posee el mayor potencial para transformar las relaciones.

El signo lunar te ayuda a tomar conciencia no de lo que quieres (que compete a Venus), sino de lo que necesitas en las relaciones. Es posible que persigas a ermitaños emocionalmente inaccesibles y con fobia a las redes sociales cuando lo que necesitas en realidad son personas adorablemente torpes que coman pizza en la cama mientras tú haces una maratón de *Friends* durante el fin de semana. Cuando entiendas qué necesita tu Luna para garantizar tu bienestar, tomarás decisiones más conscientes en lo que a tus relaciones se refiere.

La Luna también te será muy útil si ya estás en una relación. Las chispa y los fuegos artificiales de la atracción inicial conciernen a Marte y Venus. Sin embargo, la Luna te habla de lo que necesitas para sentirte amado y seguro en la relación a largo plazo. Si naciste por la noche, la influencia de tu Luna sobre la carta astral será aún más potente.

Cuándo usar este capítulo

Consulta este capítulo siempre que alguna de tus relaciones íntimas te genere estrés, ansiedad o confusión. Aunque está escrito pensando en las relaciones de pareja, la Luna también explica tus vínculos más estrechos con amigos y familiares.

Entender tu signo lunar te será extraordinariamente útil incluso si solo tienes curiosidad acerca de tu estilo relacional o si quieres reforzar tu conexión con las personas más importantes de tu vida.

Si siempre te topas con los mismos problemas en las relaciones

Si te das cuenta de que siempre discutes por lo mismo con tu pareja, este capítulo debería ser tu primera parada. Entender nuestra respuesta emocional ante las personas o las situaciones es un buen primer paso a la hora de afrontar lo que sea que sucede realmente bajo la superficie y de llegar al origen del problema.

Si te da la impresión de que tú y tu pareja habláis idiomas distintos

Si anhelas declaraciones de amor espectaculares y no hay manera de que tu pareja lo pille, indaga en vuestros signos lunares. La energía de la Luna es intuitiva y no verbal, por lo que, con frecuencia, no somos conscientes de cómo buscamos y demostramos el amor. Cuando entendemos cómo ama nuestra pareja y qué necesita para sentirse segura, valorar y usar su lenguaje particular resulta mucho más fácil.

Si quieres conocer a alguien

¿Te vas a descargar una aplicación o te vas a hacer un perfil nuevo? Antes de pulsar «Guardar», echa un vistazo a tu signo lunar. Descubrir qué necesitas para sentirte seguro en una relación es como encontrar la pieza que te faltaba en tu rompecabezas romántico. Una vez conozcas a tu Luna, sabrás el tipo de persona que puede entender y satisfacer tus necesidades y tomarás decisiones amorosas más informadas.

Si siempre te enamoras del mismo tipo de persona

Si te frustra ver que siempre acabas con el mismo tipo de persona (equivocada), es muy posible que ahondar en tu signo lunar te aclare las ideas. Como la Luna opera bajo la superficie, cuando nos exponemos (sobre todo en escaparate virtual), tendemos a no expresar nuestro anhelo más instintivo y subliminal, sino lo que creemos que deberíamos decir o lo que creemos que queremos (de nuevo, eso compete a Venus).

Cómo aprovechar al máximo este capítulo

En primer lugar, usa la información de este capítulo para completar la ficha «Trabaja con tu Luna», que encontrarás en **theastrologyofyou.com/spanishworksheets/** o escaneando el código QR de la p. 176. Completar la ficha te ayudará a reunir todas las cualidades de tu Luna (signo, casa, elemento, modo, etc.) y a ahondar en cómo se manifiesta la energía lunar en tu carta astral.

A continuación, responde en tu diario a las preguntas al pie de tu signo lunar para explorar qué necesitas a fin de mejorar tus relaciones.

La Luna y las casas

☽ Identificar la casa que ocupa tu Luna te proporcionará un nivel de detalle adicional que te ayudará a entender cómo procesas las emociones y cómo expresas el amor.

La Luna en la Casa I refleja la tendencia a abrir el corazón. Tu respuesta emocional está muy próxima a la superficie, por lo que eres un libro abierto y las personas que te rodean te leen con facilidad.

La Luna en la Casa II refleja la tendencia a expresar el amor por medios materiales. Es posible que te encante hacer regalos y que te sientas especialmente bien cuando te puedes permitir mimar a las personas que te importan.

La Luna en la Casa III se alimenta de las relaciones donde reina la comunicación. Es posible que te atraigan las relaciones con abundantes discusiones amistosas o que las relaciones más satisfactorias para ti sean aquellas en las que ambos podéis articular vuestras emociones.

La Luna en la Casa IV se nutre de la sensación de seguridad en el hogar y es posible que anheles la felicidad doméstica. Es posible que tengas un vínculo especialmente fuerte con tus padres o que sueñes con construir una unidad familiar sólida. Te creces cuando no eres el centro de las miradas.

La Luna en la Casa V se siente segura cuando puede ser creativa y jugar. El arte, la música o el deporte te resultan muy satisfactorios. Esta casa rige la infancia, por lo que te sientes cómodo con los niños y, quizás, anheles tener hijos.

La Luna en la Casa VI anhela la oportunidad de entregarse al otro. Cuidar de otras personas, estar ocupado y sentirte necesario y responsable satisface tus necesidades emocionales.

La Luna en la Casa VII es feliz sobre todo cuando está en comunión con otra persona. Necesitas forjar relaciones íntimas sólidas (ya sean románticas o platónicas) para sentirte seguro. Es posible que te consideres un monógamo en serie.

La Luna en la Casa VIII puede reflejar a una persona con la que es difícil conectar emocionalmente, al menos al principio. Cuando bajas las defensas, te puedes sentir atraído por experiencias emocionales intensas y catárticas.

La Luna en la Casa IX se nutre de las oportunidades y de las relaciones que amplían los horizontes. Las relaciones que parecen una aventura y que te abren a nuevas perspectivas son las que más te nutren.

La Luna en la Casa X disfruta de las experiencias que le permiten desarrollarse y crecer. Es posible que te enamores de tu carrera profesional o de un compañero de trabajo, o que te atraigan las relaciones que despiertan la admiración y la atención de terceras personas.

La Luna en la Casa XI prospera en las relaciones en que se siente querida y respetada no solo como amante, sino también como amiga. La conexión social es esencial a la hora de forjar un apego seguro.

La Luna en la Casa XII se siente segura sobre todo cuando cuenta con cierto nivel de independencia. Es posible que parezcas algo desapegado o que prefieras relaciones que te concedan espacio y libertad para ir a tu aire.

Planetas en aspecto con la Luna

Los planetas en un aspecto duro con la Luna (cuadratura u oposición) aportan una capa adicional de complejidad a las cualidades innatas de la Luna y pueden entorpecer tu capacidad para expresarte emocionalmente. Pueden dificultar la tarea de hablar abiertamente de tus emociones (sobre todo si el otro planeta es Saturno), generar más reactividad o volatilidad (sobre todo si el otro planeta es Marte) o intensificar la respuesta emocional de la Luna (si el otro planeta es Júpiter o Plutón).

Los planetas en conjunción con la Luna combinan las características lunares con las propias. En función de cuál sea la combinación específica, la Luna será aún más sensible (si está en conjunción con Júpiter o Venus, por ejemplo) o se endurecerá (si está en conjunción con planetas más fieros, como Saturno, Plutón o Marte).

Los planetas en aspectos armoniosos (trígonos o sextiles) te ayudarán a expresar tu Luna. Pueden sumar tranquilidad (trígonos) o una química chispeante (sextiles) a tu manera de encarnarla.

Luna en *Aries*

Lo que motiva a la Luna en Aries es la libertad para ser impulsivo y divertido. Es muy probable que este sea el signo lunar más físico, por lo que la atracción explosiva no es negociable, como tampoco lo es que su pareja le deje llevar las riendas... al menos de vez en cuando.

Necesidad relacional: Química

Las Lunas en Aries quieren y necesitan el elemento físico en la relación, por lo que es esencial que se emparejen con personas con un nivel de energía similar al suyo. Nada alimentará las llamas de tu deseo más que una persona valiente y segura de sí misma. Tu pareja ideal será alguien que no tema arriesgarse y que confíe en ti lo suficiente como para seguirte a la guerra (aunque solo se trate de apoyarte en una discusión durante una cena).

Para consolidar el vínculo: Pídele a tu pareja que tolere el conflicto

A este signo lunar no se le da nada bien reprimir las emociones. ¿Te preocupa algo? ¡Dilo! Encontrar la manera de hablar de lo que te preocupa no solo mejorará la relación, sino que le aportará una chispa ardiente y muy excitante.

Mayor temor: Compartir

Las Lunas en Aries son independientes por naturaleza, así que necesitan espacio y se agobian con facilidad. Compartir (ya sea un cajón en el cuarto de baño o tus emociones) puede ser difícil.

Haz saber a tu pareja que este es uno de tus puntos débiles y pídele que tenga paciencia.

Trabas relacionales

Citas: Exceso de sinceridad

Sí, se puede ser demasiado sincero. Y la sinceridad y la seguridad de las Lunas en Aries tanto pueden resultar excitantes como abrasivas. Recuerda que tu franqueza puede intimidar a la otra persona si aún no te conoce bien.

Relaciones: Dependencia emocional

Nada destempla más a una Luna en Aries que una pareja con dependencia emocional. Como sueles ser independiente, es posible que el menor asomo de dependencia te asuste. Recuerda que, aunque tu independencia es un regalo, no todo el mundo es tan autónomo como tú.

Preguntas para el diario

¿Cómo puedo aportar emoción y espontaneidad a mi relación?

¿Busco a parejas que me dejen tomar las riendas y decidir al menos parte del tiempo?

¿Es mi relación lo bastante segura como para explorar un conflicto sano? ¿Cómo puedo cultivar esa dinámica?

¿Cómo puedo ser más sensible a las emociones y necesidades de mi pareja (o futuras parejas)? ¿En qué se diferencian de las mías?

Luna en *Tauro*

Las personas con la Luna en Tauro son sensuales y leales y tienden a ser felices cuando hacen lo que siempre han hecho. La rutina, la relajación y la falta de resistencia nutren su alma. La Luna en Tauro es el más carnal de los signos de tierra y valora la conexión y el placer.

Necesidad relacional: Sentirse valorado

Como signo lunar regido por Venus, es imprescindible que te sientas valorado por tu pareja. Tanto si son palabras, actos o regalos (¡o las tres cosas!), contar con recordatorios periódicos de lo que tu pareja siente por ti es un factor esencial para la felicidad en la relación.

Para consolidar el vínculo: Pídele a tu pareja que mime tus sentidos

Las Lunas en Tauro adoran todo lo que produce placer sensorial, lo que te convierte en una pareja a quien le encanta mimar y ser mimada. Tomaos las cosas con calma y pasad el día en la cama. ¿Qué necesidad hay de un «aquí te pillo aquí te mato» cuando podéis disfrutar todo el día (o todo el fin de semana)?

Mayor temor: Cambio

Quienes busquen una pareja que entienda la incertidumbre como un tesoro de posibilidades o que vea el caos como un desafío apasionante tendrán problemas si se encuentran con una Luna en Tauro. Alguien que entienda tu resistencia al cambio, que tenga la paciencia de saber cuándo plantar la semilla (pista: PRONTO) y que te ayude a hacerte a la idea poco a poco y a tu ritmo satisfará tus necesidades.

Trabas relacionales

Citas: Acuerdos

Es posible que tu actitud plácida lleve al otro a pensar que eres fácil de llevar. Sin embargo, no te gusta que te metan prisa y, si tu cita intenta que la relación se vuelva seria antes de que estés preparado, se dará cuenta muy pronto de lo testarudo que puedes llegar a ser.

Relaciones: Evolución

Las personas con la Luna en Tauro tienen aversión al cambio, por lo que tienden a aferrarse a las cosas (y a las relaciones) mucho más allá de su fecha de caducidad. En el amor, tu aversión a ceder (sobre todo si implica asumir un riesgo o probar algo distinto) puede ser tu perdición. Intenta recordar que negociar es básico para hallar la felicidad en las relaciones.

Preguntas para el diario

¿Cómo reacciona mi pareja a mi necesidad de hacer las cosas a mi propio ritmo?

¿Qué rituales o rutinas me ayudan a sentirme seguro en las relaciones?

¿Qué experiencias sensoriales me ayudan a conectar con mi sexualidad?

¿Qué actos sencillos y no verbales me ayudan a sentirme más valorado y amado en las relaciones?

Luna en *Géminis*

La risa es el calentamiento ideal para este signo lunar, a quien la conexión intelectual atrae instintivamente. Sin embargo, no confundas cerebro con aburrimiento, porque para este signo lunar no hay nada menos sexy que alguien que se toma a sí mismo demasiado en serio.

Necesidad relacional: Conversación animada

Las Lunas en Géminis necesitan mantener conversaciones largas y animadas con su pareja. Esto no significa que debas buscar a alguien que piense igual que tú; de hecho, es probable que te interese mucho más alguien que mantenga posturas opuestas a las tuyas. Os irá bien siempre que tu pareja te pueda seguir intelectualmente y no tema lanzarse a debates amistosos.

Para consolidar el vínculo: Pídele a tu pareja que dé prioridad a la diversión

A las Lunas en Géminis les encanta reír, jugar y aprender. Encontrar maneras de conectar que, además, te hagan reír ejercerá un potente efecto afrodisíaco para todos. Explorad maneras de enamoraros más profundamente como personas y amigos, no solo como amantes.

Mayor temor: Emoción

La energía mercurial de la Luna en Géminis puede hacer que este signo lunar actúe más desde la cabeza que desde el corazón. Cuando te abstraes, regresar al cuerpo y expresar tus emociones y tus vulnerabilidades puede ser complicado.

Trabas relacionales

Citas: Indecisión

Tu carisma y tu energía cinética llevan a que las citas aparezcan casi por sí solas, pero tu tendencia innata a la indecisión se puede manifestar como inconstancia. En su faceta más disfuncional, la desconexión respecto al impacto emocional de tus palabras puede hacer que parezcas voluble o insensible.

Relaciones: Levedad

Tu capacidad para evitar los temas espinosos es legendaria. Como quieres que todo siga siendo divertido, tiendes a alejarte de las conversaciones intensas pero necesarias. Bromear en momentos inoportunos o restar importancia emocional a las situaciones son dos de las maneras (en ocasiones insensibles) en que gestionas tu malestar cuando entras en terreno emocional.

Preguntas para el diario

¿Elijo a parejas que me hagan reír?

¿Qué intereses o actividades nos parecen divertidos y estimulantes a ambos?

¿Me siento seguro expresando lo que pienso incluso si es absolutamente inadecuado?

¿Qué puedo decir y hacer para demostrarle a mi pareja lo mucho que me importa la relación?

Luna en
Cáncer

La Luna en Cáncer es tierna y dura a la vez. En el amor, las Lunas en Cáncer necesitan un vínculo profundo que las nutra. No es un signo lunar que conecte solo a nivel intelectual o por conveniencia. También ha de haber una conexión emocional muy potente.

Necesidad relacional: Compromiso

No cabe duda de que el concepto de alma gemela se le ocurrió a un Cáncer, para quien el romance y la honestidad emocional son innegociables. A un nivel más básico, la energía de Cáncer busca seguridad y cobijo. En el amor, las Lunas en Cáncer necesitan relaciones en las que el espectro emocional al completo pueda fluir con libertad. Es esencial que tu pareja cuente con la madurez emocional necesaria para respetar tus emociones y que esté ahí y te contenga sientas lo que sientas.

Para consolidar el vínculo: Pídele a tu pareja que documente la relación

La energía de Cáncer es muy sentimental. Álbumes de fotos, listas de reproducción, cartas de amor...: te conmoverá todo lo que demuestre que tu pareja ha prestado atención a los momentos importantes.

Mayor temor: Una relación sin amor

Lo creas o no, hay personas que están juntas por motivos que no tienen nada que ver con el amor (comodidad, apatía...).

Sin embargo, puedes estar seguro de que su Luna no está en Cáncer, que necesita intimidad y romance reales, además de una conexión emocional profunda y sincera.

Trabas relacionales

Citas: Ansia

La tendencia a entregarte por completo al enamoramiento te puede cegar a las señales de alarma. Las Lunas en Cáncer se enamoran en un abrir y cerrar de ojos y tienden a adoptar una actitud de «Conmigo será distinto». Las aventuras ocasionales las dejan vacías.

Relaciones: Fatiga del cuidador

Las Lunas en Cáncer son muy sensibles y tienden a cargar con mochilas emocionales ajenas con más frecuencia que otros signos. La tendencia a adoptar el rol de cuidador puede generar sensaciones de indefensión, resentimiento y de falta de reconocimiento. Asegúrate de que tus reservas emocionales están llenas antes de lanzarte a ayudar a quienes te rodean.

Preguntas para el diario

¿Cuán cómodo me siento compartiendo mis emociones más profundas con mi pareja?

¿Cómo responde mi pareja cuando lloro?

¿Cuándo siento que no me valoran?

¿Cuándo me he encontrado en relaciones con una dinámica paternofilial?

¿Cómo puedo dar prioridad al romance en mi vida cotidiana?

Luna en *Leo*

Fijaos en mí. Miradme. Admiradme. Las Lunas en Leo tienen mucho amor que dar, siempre que se les conceda el papel protagonista. En el amor son juguetonas, leales y generosas, pero les cuesta pedir ayuda cuando la necesitan.

Necesidad relacional: Ser valorado

Incluso los Leo lunares más modestos necesitan sentir el calor de la mirada de su amante. Un halago sincero o un «gracias» sentido pueden obrar milagros contigo. Además, tu generosidad no conoce límites, siempre que a cambio recibas un reconocimiento y un agradecimiento sinceros.

Para consolidar el vínculo: Pídele creatividad a tu pareja

La creatividad es muy importante para ti, aunque no siempre resulte obvio. Encontrar una pareja junto a la que expresar tu faceta artística te ayudará a forjar una relación más profunda.

Mayor temor: Vulnerabilidad

El orgullo leonino hace que pedir lo que quieres te resulte muy difícil. Encontrar maneras divertidas de expresar tus necesidades te ayudará a que el amor fluya con más facilidad. Si tu pareja ve más allá de tu fachada leonina y facilita una comunicación honesta, te será más fácil abrirte y mostrar tu faceta vulnerable.

Trabas relacionales

Citas: Orgullo

Las relaciones casuales pueden ser muy divertidas, siempre que el cazador seas tú. Cuando eres una de varias presas, compartir el protagonismo con otros puede ser devastador. El modo «abandonar o ser abandonado» se activará a la menor señal de que compartes la atención del otro.

Relaciones: Terquedad

La constancia inquebrantable es una de las mejores cualidades (y uno de los rasgos más frustrantes) de las Lunas en Leo. Eres un signo fijo, por lo que tiendes a la terquedad. Si añades la tendencia al orgullo, tienes la receta perfecta para convertirte en un oponente formidable y en un abdicador muy reticente.

Preguntas para el diario

¿En qué aspectos me cuesta más mostrarme vulnerable?

¿Qué me ayudaría a sentirme más seguro a la hora de compartir mis esperanzas, sueños y temores con mi pareja?

¿Cuándo me siento deseado de verdad por mi pareja?

¿Cómo me gusta que mi pareja me muestre su gratitud?

Luna en *Virgo*

Cuando la Luna está en Virgo, expresa su amor mediante actos de servicio. El deseo de encontrar el mejor método en todo lo que hace significa que nunca deja de analizar cómo mejorar y perfeccionar las cosas, incluidas sus relaciones.

Necesidad relacional: Comprensión

Las Lunas en Virgo ansían ponerse manos a la obra, tal y como sucede con Virgo en todas sus ubicaciones. En el amor, disfrutas de las oportunidades sanas para cuidar de tu pareja. Para ti, es esencial estar junto a alguien que entienda que tu lenguaje del amor es más pragmático que romántico y que te adore precisamente por eso.

Para consolidar el vínculo: Pídele a tu pareja que exprese su gratitud

Es muy probable que practiques a diario pequeños actos de devoción (eso sí, posiblemente mundanos). Si tu pareja te demuestra no solo que se da cuenta, sino que valora de verdad todo tu esfuerzo, el corazón se te saldrá del pecho.

Mayor temor: No estar a la altura

Las Lunas en Virgo son más ansiosas que emocionales y, si se descontrolan, es fácil que se preocupen sin cesar por si no son lo bastante buenas. Te sentirás como en casa con una pareja capaz de contener tu ansiedad. Quizás te sea útil explicarle que tu crítico interior se acallará si te hace comentarios tranquilizadores o de agradecimiento sin que se los pidas.

Trabas relacionales

Citas: Perfeccionismo

Tu búsqueda incansable de perfección puede hacer que seas duro con tus posibles parejas. Es habitual que descartes a quien cometa un mínimo error. Intenta ser más flexible y recuerda que errar es de humanos.

Relaciones: Pragmatismo

En ocasiones, tu pragmatismo se confunde con falta de imaginación romántica. Sin embargo, lo cierto es que puedes ser tan romántico como el que más. En lugar de comprar flores, encontrarás el mejor abono para plantar un rosal junto a la ventana de tu pareja, para que disfrute de las flores durante todo el año.

Preguntas para el diario

¿Cuándo temo no ser lo bastante bueno en las relaciones?

¿Mi pareja entiende y valora mi manera de expresar el amor y la devoción?

¿Me siento seguro para expresar mi ansiedad?

¿Qué espero de las relaciones? ¿Son realistas mis expectativas?

Luna en
Libra

Las Lunas en Libra se valen de sus vínculos más estrechos para entenderse a sí mismas y se preguntan constantemente qué piensan de ellas los demás. Buscan el equilibrio y la armonía en las relaciones, en ocasiones en exceso.

Necesidad relacional: Conversación

Las Lunas en Libra son signos de aire y necesitan una conexión mental muy potente. Aunque es posible que te atraiga la química física, si quieres que la relación perdure necesitarás una chispa psicológica real.

Para consolidar el vínculo: Pídele a tu pareja que se abra al debate

Las Lunas en Libra tienden a ser indecisas a no ser que cuenten con alguien de confianza con quien contrastar sus decisiones. Y ese alguien suele ser su pareja. Esto no significa que sigan su consejo, sino que procesan lo que sucede a su alrededor mediante la conversación. De la misma manera que hay quien necesita llorar o gritar, las Lunas en Libra necesitan hablar.

Mayor temor: Rechazo

No hay signo lunar que tema el rechazo más que Libra. Incluso si es un temor inconsciente, tenderás a imitar a las personas que te rodean para que se sientan cómodas y te acepten. Ceder constantemente para satisfacer a los demás o para gustarles lleva a que reprimas tus necesidades, opiniones y creencias.

Trabas relacionales

Citas: Franqueza

Probablemente fuera alguien con la Luna en Libra quien inventó el *ghosting*. Prefieres esfumarte a tener una conversación incómoda pero franca acerca de «esto no funciona».

Relaciones: Codependencia

Te puedes mostrar muy deferente, sobre todo en las relaciones con personalidades más dominantes. Tu deseo de mantener el equilibrio hace que te muerdas la lengua hasta perder de vista tu opinión sobre el tema.

Preguntas para el diario

¿Elijo a parejas que no solo me estimulen físicamente, sino también intelectualmente?

¿Mi pareja me apoya en mi necesidad de hablar de mis problemas?

¿Me siento seguro para hablar con libertad y honestidad de lo que me pasa para procesar mis emociones?

¿Oculto mis verdaderas emociones por miedo a irritar a mi pareja o a iniciar un conflicto?

Luna en *Escorpio*

Aunque las Lunas en Escorpio no bajan la guardia a la primera de cambio, cuando se comprometen, se comprometen de verdad. Son románticas e intuitivas y anhelan una conexión romántica. Las chispas físicas y emocionales también son imprescindibles. Marte es su regente y la intimidad sexual es el oxígeno de sus relaciones.

Necesidad relacional: Confianza

Es posible que tardes más que la mayoría en calentar los motores emocionales, pero cuando por fin decides comprometerte, te comprometes a fondo. Anhelas relaciones profundas, por lo que necesitas una pareja que no tema desnudar su alma y entregarse completamente. Una vez te abres, tu compromiso y tu intensidad no tienen igual.

Para consolidar el vínculo: Pídele a tu pareja que experimente

La exploración sana de las dinámicas de poder y de control puede ser muy satisfactoria. A la energía de Escorpio le encanta jugar al límite de lo seguro. Crea un espacio seguro en el que compartir y hacer realidad tus fantasías.

Mayor temor: Traición

Lo sientes todo, el miedo incluido, a un nivel profundo y celular. Para un signo ferozmente reservado y emocionalmente precavido como este, dejar entrar (por fin) a alguien para luego ser abandonado es la peor de las pesadillas. Elegir una pareja que sea paciente y esté dispuesta a ofrecer tranquilidad cuando sea necesario contribuye en gran medida a establecer y mantener el amor, la confianza y la seguridad en ti mismo.

Trabas relacionales

Citas: Control

El magnetismo sexual de las Lunas en Escorpio hace que las relaciones ocasionales sean divertidas, aunque, para ti, lo esencial es sentir que llevas las riendas. Si la relación se vuelve más seria, tu reticencia a abrirte puede ser frustrante para tu pareja, sobre todo si se trata de un signo más abierto.

Relaciones: Resentimiento

Como signo de agua fijo, Escorpio es célebre por aferrarse a todo, tanto a lo bueno como a lo malo. Esforzarse en mantener un diálogo abierto y honesto es importante a la hora de asegurar que las pequeñas heridas emocionales no sigan abiertas y se infecten hasta convertirse en un resentimiento hondo y genere problemas mucho mayores.

Preguntas para el diario

¿Confío completamente en la relación?

¿Qué necesito para sentirme seguro en la relación?

¿Qué acciones o palabras me ayudarían a sentirme más seguro y a confiar más en la relación?

¿Qué me ayuda a sentir que llevo las riendas de la relación?

Luna en *Sagitario*

Las Lunas en Sagitario son intensas y atrevidas y no temen expresar su opinión. Confían en el amor y eso las hace carismáticas e impulsivas. Se nutren de la aventura y lo desconocido y son felices cuando las relaciones les conceden el espacio que necesitan para expresar plenamente su punto de vista.

Necesidad relacional: Flexibilidad y espontaneidad

La variedad y la libertad te cargan las pilas. Esto no significa que necesites una relación poliamorosa, pero sí que eres especialmente feliz cuando tu dinámica relacional incluye cierto nivel de flexibilidad y de diversión. Para ti, es importante contar con una pareja que se muestre abierta a probar cosas nuevas y que valore la espontaneidad.

Para consolidar el vínculo: Pídele a tu pareja que te deje desahogar

Eres visceral, apasionado y obstinado, por lo que necesitas conectar con personas lo bastante seguras de sí mismas como para permitir que te enciendas de vez en cuando. Quieres sentirlo todo y experimentar cómo te consumen la pasión o la ira, para luego superarlas con la misma rapidez con que han surgido.

Mayor temor: Conformarte

La búsqueda de una vida menos ordinaria proporciona el propósito y la emoción que la energía de Sagitario necesita.

Aunque esto no significa que la vida deba ser una sucesión de aventuras de una noche, compartir la vida con alguien que te haga vibrar y que comparta tu sentido de la aventura te satisfará plenamente.

Trabas relacionales

Citas: Compromiso

Tu tendencia a juzgar a los demás te puede convertir en un crítico mordaz que abandona a la primera de cambio. Las citas pueden acabar siendo un caso de «una y no más» si alguien no encaja en tu mundo o no te desafía de un modo que te resulte divertido y emocionante. Debes trabajar activamente la habilidad de reservarte el juicio.

Relaciones: Negociación

A este signo no se le da bien observar desde la barrera ni morderse la lengua. Si no estás de acuerdo con el otro, se lo dirás sin ambages; no por amor al conflicto, sino por amor a la pasión. Disfrutas de la confrontación cuando se trata de defender lo que te importa y necesitas a alguien capaz de tolerar los debates cotidianos.

Preguntas para el diario

¿Mi relación es como una aventura?

¿Me siento inspirado por mi relación?

¿Me siento libre para dar prioridad a la espontaneidad?

¿Me siento seguro a la hora de expresar mis opiniones y creencias?

¿Cómo puedo imbuir mis relaciones de más espontaneidad?

Luna en *Capricornio*

Las Lunas en Capricornio son fuertes, resilientes y ambiciosas. Prosperan en relaciones caracterizadas por el compromiso y por la estabilidad. Demuestran su amor mediante actos de dedicación, fiabilidad y lealtad.

Necesidad relacional: Comprensión y compasión

Las Lunas en Capricornio son reservadas por naturaleza y necesitan una pareja que entienda que su reticencia es fruto del miedo, no de la indiferencia. El miedo a no hacer/ser/dar lo suficiente o, sencillamente, a sufrir se puede confundir con desinterés.

Para consolidar el vínculo: Pídele a tu pareja que te demuestre su compromiso mediante acciones concretas

Las Lunas en Capricornio necesitan una pareja paciente y capaz de derribar gradualmente su impenetrable muralla emocional. Te sientes querido y valorado con parejas que comparten tu creencia en que obras son amores y no buenas razones.

Mayor temor: Fracaso

Este signo está regido por la Luna y necesita contar con un puerto seguro, no solo para sí, sino también para las personas a las que ama. Esto te hace susceptible a, o bien trabajar demasiado (desesperado por llegar a la cima y construir el castillo para los tuyos), o bien a no dejar entrar a nadie, por miedo a no estar a la altura.

Trabas relacionales

Citas: Reserva

Puedes apostar a que la persona que acuñó la frase «tipo silencioso y fuerte» estaba saliendo con alguien con la Luna en Capricornio. Como eres tan reservado, puede dar la impresión de que es imposible conocerte en relaciones informales. Las personas pacientes se acaban dando cuenta de que la espera merece la pena.

Relaciones: Espontaneidad

Las Lunas en Capricornio son constantes y decididas, por lo que no siempre son espíritus libres en lo que al amor se refiere. Para ti, la responsabilidad, el deber y los desafíos son casi estimulantes. Estás plenamente enfocado a tus objetivos a largo plazo y, a veces, dejas pasar oportunidades fortuitas para conectar. Márcate el objetivo de soltarte y de ser más juguetón.

Preguntas para el diario

¿Cuál es mi plan para la relación a dos, cinco y diez años?

¿Qué me ayuda a estar cómodo a la hora de expresar mis emociones?

¿Qué grandes gestos o sacrificios he hecho para expresar mi amor? ¿La otra persona se ha dado cuenta? ¿Los valora?

¿Cómo puedo abrir un espacio en el que relajarme y entregarme a la relación?

Luna en
Acuario

Las Lunas en Acuario son analíticas e
independientes y crecen cuando están junto
a personas que comparten su visión. Son una
paradoja magnífica: por un lado, necesitan espacio
y autonomía pero, por el otro, también anhelan una
conexión intensa con almas afines.

Necesidad relacional: Valores compartidos

Este signo lunar no suele durar en las situaciones de «los
opuestos se atraen». Estar con alguien con quien compartas una
visión del mundo similar es fundamental para tu satisfacción a
largo plazo. Compartir valores, creencias y sueños para el futuro
es un aspecto no negociable para ti.

Para consolidar el vínculo: Pídele a tu pareja innovación, originalidad
e ingenio

Las demostraciones de amor poco convencionales pero
efectivas a la hora de resolver problemas son muy útiles para
seducir a una Luna en Acuario. Si tu pareja no sabe cómo
demostrarte que te quiere, recuérdale que las demostraciones
de afecto prácticas pero originales te harán sentir muy querido y
comprendido.

Mayor temor: Ser apartado

La necesidad de pertenencia es casi instintiva para las Lunas
en Acuario. Sin embargo, eso no significa que se dejen llevar.

«Pertenecer» no es lo mismo que «encajar» y, para ti, la conformidad no solo no es atractiva, sino que te repele. Aun así, conectar de forma auténtica con personas afines a ti te sosiega.

Trabas relacionales

Citas: Desapego

Eres independiente y, en ocasiones, puede parecer que desconectas. En una cita, es fácil confundir tu personalidad independiente con indiferencia. Pero no es así. Si no estuvieras interesado, no estarías allí.

Relaciones: Autonomía

El aislamiento social es tu talón de Aquiles, así que es importante que tu pareja entienda que necesitas espacio para conectar también con tus amistades platónicas.

Preguntas para el diario

¿Mi pareja respeta, valora y comparte mi visión del mundo?

¿Le he dejado claro a mi pareja que mi necesidad de momentos de soledad no significa que la relación tenga problemas?

¿Qué actividades o espacios a solas necesito para recargar las pilas?

¿Qué prácticas o procesos me ayudan a conectar con mis emociones en lugar de limitarme a analizarlas?

Luna en *Piscis*

Dar y darse nutre a las Lunas en Piscis, amables, intuitivas y profundamente compasivas. Necesitan amar, crear y escapar de la realidad, lo que significa que son románticas y que están más que dispuestas a entregarse totalmente a la relación.

Necesidad relacional: Intimidad

Aunque parezca una obviedad (¿acaso no necesitan intimidad todas las relaciones?), las Lunas en Piscis necesitan una conexión profunda con su pareja, ya sea a nivel espiritual, creativo o sexual (preferiblemente, los tres). No siempre tomarás la decisión más convencional o segura, pero tu deseo de experimentar el amor como una experiencia cuasi cósmica significa que la intimidad es innegociable.

Para consolidar el vínculo: Pídele a tu pareja que haga grandes gestos, solo porque sí

No se puede negar: necesitas un romance a lo grande para sentirte plenamente satisfecho en el amor. Pídele a tu pareja que te demuestre de un modo creativo lo mucho que te quiere. ¿Y si te escribe un soneto? ¿Y si aprende a tocar tu canción preferida con la guitarra? ¿Y si reserva un hotel un lunes cualquiera? Cualquier acto apasionado, espontáneo y creativo consolidará vuestro vínculo.

Mayor temor: Soledad

Las Lunas en Piscis son perceptivas por naturaleza. Dar y darte plenamente y sin vacilar alimenta tu alma. Tu deseo de entregarte a la relación significa que, sin una, te sientes incompleto. Anhelas vivir un cuento de hadas y, sin una relación, te sientes perdido, como un recipiente que rebosa amor pero no tiene dónde verterlo.

Trabas relacionales

Citas: Ir demasiado rápido

La propensión a «enamorarte del amor» te lleva a prendarte y a bajar las barreras con rapidez o a pasar de una aventura intensa a la siguiente.

Relaciones: Límites

La ausencia de límites emocionales puede ser un problema. La receptividad natural de las Lunas en Piscis facilita que te puedas perder en el amor. El «sueño de la reforma» es una de las trampas clásicas para Piscis.

Preguntas para el diario

¿Siento que mi pareja está plena, completa y honestamente comprometida con la relación?

¿Uso mi relación para evadir mis responsabilidades o para escapar de la realidad?

¿Qué actividades me ayudan a escapar de forma segura a mi mundo interior?

¿Cómo me defino a mí mismo al margen de mi relación?

¿A qué parte de mi pareja intento «rescatar»?

IV

MÍRAME

ENTIENDE
TU ASCENDENTE

AS

¿Has mantenido alguna de esas conversaciones en las que alguien intenta adivinar tu signo? Aunque lo más probable es que fallaran, quizás no sepas que, seguramente, se acercaron más de lo que imaginas.

Adivinar el signo del zodíaco de alguien no siempre es fácil. Por el contrario, acertar el ascendente es mucho más sencillo. ¿Por qué? Porque el ascendente representa la energía que perciben los demás cuando están con nosotros. Con frecuencia, se describe al ascendente como «la máscara que nos ponemos para enfrentarnos al mundo». En el negocio de «Tú», el ascendente es tu escaparate. Es la parte de ti con la que se encuentran las personas al pasar.

En la mayoría de los casos, el signo del ascendente es distinto tanto al del signo solar como al del signo lunar, lo que significa que ni nuestro ego (el Sol) ni cómo nos sentimos interiormente (la Luna) coinciden necesariamente con cómo nos perciben los demás (ascendente). Entender el ascendente equivale a armarse con un nivel de autoconocimiento adicional y con el aprecio de nuestros dones naturales.

Cuándo usar este capítulo

Consulta este capítulo siempre que quieras entablar amistades nuevas o ahondar en la dinámica de relaciones existentes, ya sean personales, profesionales o amorosas. Si te da la sensación de que se te malinterpreta, sobre todo cuando se trata de primeras impresiones, este es el capítulo para ti. También te será útil cuando quieras tomar decisiones profesionales más estratégicas y sacar el máximo provecho a tus fortalezas.

Si quieres sacar partido a tu talento natural

Entender las cualidades de tu ascendente es como descubrir superpoderes que desconocías tener. Manifiestas estas cualidades con facilidad y de forma natural, sin necesidad de forzarlas ni de trabajar para conectar con ellas. Están ahí, al alcance de tu mano. Ahondar en el conocimiento de tu ascendente puede abrir la puerta a un potencial cuya existencia ni siquiera sospechabas.

Si quieres perfeccionar tus habilidades sociales

Tener claro cómo te perciben exactamente los demás puede mejorar tu capacidad para forjar relaciones, porque te permite elegir entornos, profesiones, comunidades o actividades de ocio donde la probabilidad de encontrar a personas afines a ti sea mayor.

Quizás hayas estado buscando amigos (¡o parejas!) en lugares que atraen a personas tranquilas y sencillas cuando resulta que tu estilo característico es mucho más extravagante.

Si quieres entender cómo te perciben los demás

Si sabes el tipo de energía que transmites, te será más fácil entender por qué los demás reaccionan ante ti del modo en que lo hacen.

Por ejemplo, es posible que por dentro te sientas como un sumiso osito de peluche (¿tienes la Luna en Piscis o en Libra?), pero si tu ascendente es más avasallador (como Capricornio o Acuario), es muy probable que la mayoría de las personas crean que eres mucho más de armas tomar. Este conocimiento puede resultar especialmente útil en situaciones profesionales en las que tienes la impresión de vivir en el día de la marmota (por ejemplo, desaprovechas repetidas oportunidades de ascenso una y otra vez). Quizás te sientas muy comprometido con tu trabajo, pero tu ascendente revela que se te percibe como desapegado o retraído.

Si quieres ahondar en tu conocimiento astrológico

El regente es uno de los planetas más importantes de la carta, además del Sol y de la Luna. El regente es el planeta que rige a tu ascendente y desempeña una función clave en la carta astral.

Puedes pensar en él como en tu chófer o en tu avatar cósmico. Define cómo te mueves por la vida, a dónde vas y cómo llegas allí. El signo y la casa que ocupe el regente de tu carta sumará aún otra capa de matices que te ayudará a ahondar en el conocimiento de tus dones y predisposiciones naturales.

Cómo aprovechar al máximo este capítulo

Usa la información de este capítulo para rellenar la ficha «Trabajar con tu ascendente y con el regente de tu carta», que puedes descargar en **theastrologyofyou.com/spanishworksheets/** o escaneando el código QR de la p. 176. Así consolidarás las diversas cualidades de tu ascendente (signo, casa, elemento, modo, etc.).

P.: ¿Qué diferencia hay entre el ascendente y el signo ascendiente?

Técnicamente, el término «ascendente» alude al grado exacto del signo que ascendía por el horizonte oriental cuando naciste (p. e. 9º de Acuario), mientras que «signo ascendiente» remite al signo que ascendía en su conjunto (p. e. Acuario ascendiendo). Sin embargo, en la práctica, ambos términos se usan como si fueran sinónimos.

Identifica al regente de tu carta astral

Ⓐˢ Para saber qué planeta rige tu carta astral, identifica tu ascendente en la tabla y consulta el planeta que lo rige. A continuación, encuentra el planeta en tu carta astral.

Escorpio, Acuario y Piscis tienen regentes de carta distintos en función de si se sigue el enfoque moderno o el tradicional. Toma nota de los dos y repasa la explicación de los planetas, los signos y las casas (pp. 18-43) para identificar las cualidades de cada uno. Con frecuencia, uno resonará más que el otro, aunque es posible que te identifiques con los dos de maneras distintas. No hay una respuesta correcta o incorrecta, la astrología es personal. Confía en tu instinto.

Aquí tienes un ejemplo:

Mi ascendente está en... Capricornio.

El planeta que rige a Capricornio es... Saturno.

En mi carta, Saturno está... en Libra, en la Casa X.

Signo	Regente tradicional	Regente moderno
Aries	Marte	Marte
Tauro	Venus	Venus
Géminis	Mercurio	Mercurio
Cáncer	Luna	Luna
Leo	Sol	Sol
Virgo	Mercurio	Mercurio
Libra	Venus	Venus
Escorpio	Marte	Plutón
Sagitario	Júpiter	Júpiter
Capricornio	Saturno	Saturno
Acuario	Saturno	Urano
Piscis	Júpiter	Neptuno

Entiende al regente de tu carta

ⒶⓈ El regente de tu carta te ofrece todo tipo de información acerca de tu personalidad y de tu trayectoria vital. A continuación, encontrarás solo parte de lo que representa.

Cómo afrontas la vida

Examinar el lugar que ocupa el regente de tu carta suma otro nivel de detalle a tu carta astral, donde hace las veces de tu representante. Describe cómo «vives». Usa las palabras clave de los signos (pp. 20-23), las descripciones de los planetas (pp. 38-41) y los temas de las casas (pp. 30-34) para definir el estilo que te caracteriza.

Los matices de tu ascendente

La ubicación del regente de tu carta añade profundidad y matices al ascendente. Por eso, es muy posible que conozcas a alguien con ascendente Géminis que es muy extrovertido y juguetón (quizás tenga a Mercurio en Géminis en la Casa I), mientras que conoces a otro que es más reservado y comedido, porque tiene a Mercurio, el regente de su carta, ubicado en Capricornio en la Casa VIII.

Tus intereses y afinidades

Puedes pensar en el regente de tu carta como en el capitán de tu equipo planetario. La casa y la ubicación del regente de tu carta te da pistas acerca de las áreas que tendrán más importancia en tu vida.

Ejemplo

Si tu ascendente es Capricornio, Saturno será el regente de tu carta. Si tu Saturno está en Libra en la Casa X, afrontarás la vida con ambición y con la vista puesta en objetivos a largo plazo. Tu estilo característico estará determinado por la tendencia a esforzarte (Saturno) en lograr el equilibrio y la armonía (Libra), sobre todo en cuestiones profesionales (Casa X). Con el regente de tu carta en la Casa X, la carrera profesional y el éxito serán dos de los temas centrales en tu vida.

El regente de la carta y las casas

(AS) La casa que ocupa el regente de tu carta añade otra capa de contexto a quién eres, qué te atrae y a dónde te puede llevar la vida.

Regente de la carta en la Casa I: La expresión de tu ascendente será clara y palpable. Centrará la atención en la identidad, la independencia y lo físico, lo que se podría manifestar como una pasión por el ejercicio físico, la salud, el bienestar o el estilo personal.

Regente de la carta en la Casa II: El dinero, la seguridad económica y la autoestima desempeñan un papel crucial en tu vida. La acumulación (o gasto) de dinero y de activos será un tema fundamental.

Regente de la carta en la Casa III: El lenguaje, la formación (sobre todo previa a la educación secundaria), la comunicación, la tecnología, la escritura y los negocios podrían ser temas clave en tu vida. También podrías tener vínculos sólidos con tus hermanos o con tus parientes lejanos.

Regente de la carta en la Casa IV: La seguridad y la satisfacción en el hogar serán una parte importante de tu experiencia. Todo lo relacionado con la vivienda (renovaciones, negocios inmobiliarios, decoración de interiores...) también puede ser un elemento significativo en tu trayectoria vital.

Regente de la carta en la Casa V: El juego, el placer y la diversión podrían ser temas centrales en tu experiencia vital. El arte, la infancia y todo tipo de actividades creativas también pueden ser una prioridad para ti.

Regente de la carta en la Casa VI: Estar ahí para otros, ya sea en tu vida personal o en la profesional, será un elemento fundamental en la historia de tu vida. Quizás trabajes o hagas labores de voluntariado en cuestiones de asistencia sanitaria, en ONG o con animales. Tu propia salud y bienestar también podrían vertebrar tu experiencia.

Regente de la carta en la Casa VII: Las relaciones significativas (ya sean amorosas, profesionales, platónicas o todo lo anterior) son muy importantes para ti. Definir tu identidad a partir de las relaciones que forjas será una parte integral de tu historia.

Regente de la carta en la Casa VIII: Compartir tus recursos y dones (económicos, emocionales o físicos) con otros será muy importante en tu trayectoria vital. Es posible que trabajes en un entorno terapéutico o que te atraigan, te interesen o adquieras experiencia en ámbitos intimidatorios o tabú para otros, como la muerte, el sexo, los traumas o las finanzas.

Regente de la carta en la Casa IX: El anhelo de ver mundo o de ampliar tus horizontes mediante el viaje, la religión o la inmersión en otras culturas modelará tu experiencia. Es posible que emprendas una trayectoria vital relacionada con las leyes, los medios de comunicación, la academia o lo esotérico y también podrías vivir en el extranjero.

Regente de la carta en la Casa X: Los logros profesionales y la reputación pública serán uno de los focos principales en tu historia vital. Quizás sueñes con una gran carrera profesional o incluso con la fama. Tu trayectoria vital está definida por la necesidad de ser visto y de conseguir tus objetivos en un foro público.

Regente de la carta en la Casa XI: La conexión con los amigos, la comunidad o tu familia elegida serán un elemento esencial de tu camino. Es posible que te atraigan entornos o relaciones en las que sientes que formas parte de un movimiento o de una causa más grandes que tú.

Regente de la carta en la Casa XII: La expresión de tu ascendente será más sutil y menos obvia. Es posible que anheles periodos de soledad o que te atraigan las prácticas espirituales profundas. Tu trayectoria vital te podría llevar a lugares aislados, ya sea geográfica, social, psicológica o espiritualmente hablando.

Planetas en aspecto con el ascendente

Los planetas en un aspecto duro (cuadratura u oposición) con el grado del ascendente aportan un elemento electrizante a las cualidades de este. Aunque puede dar la impresión de que el planeta que forma un aspecto duro con el ascendente choca con él o es difícil de manejar (casi como si interfiriera con su señal), también le puede ofrecer una energía activadora que potencia sus cualidades.

Los planetas en conjunción con el grado del ascendente determinan cómo te mueves por el mundo. Por ejemplo, las personas con Venus en el ascendente acostumbran a ser magnéticas y carismáticas, mientras que las personas con Júpiter en su ascendente tienden a tener una confianza sin límites en sus propias capacidades.

Los planetas en aspectos que apoyan al grado del ascendente (trígonos o sextiles) son como dones naturales que ayudan a reforzar las cualidades del ascendente e intensifican el atractivo y el estilo de este. Son menos llamativos que otros aspectos y brillan especialmente cuando se toma la decisión consciente de aprovecharlos… sobre todo si hablamos de trígonos.

Ascendente en Aries

Regente de la carta astral: Marte

Cómo te ven los demás: El ascendente en Aries te concede un talento natural para acaparar espacio y lanzarte a la acción. Tu energía natural transmite una determinación apasionada que hace que los demás te miren y te escuchen, incluso cuando no te sientes especialmente seguro en tu interior.

Cómo aprovechar tu talento natural: Aries, regido por Marte, tiene el talento de conseguir que las cosas se hagan. La iniciativa, la chispa y el liderazgo ayudan a prender la mecha. Confía en ti y pasa a la acción mientras otros signos aún se preguntan qué podrían hacer.

Focos de tensión: En ocasiones, el ascendente en Aries puede parecer autoritario o monotemático (con más o menos intensidad en función de la posición que ocupe Marte). Tu seguridad innata en ti mismo puede llevar a que los demás den un paso atrás y te cedan las riendas. Si estás cansado de liderar (o de pelear), valora la posibilidad de dejar espacio a otros para que lleven el timón.

Ascendente en Tauro

Regente de la carta astral: Venus

Cómo te ven los demás: Con tu ascendente en Tauro, te mueves por el mundo con un aprecio palpable por la belleza. Quizás seas un coleccionista ávido, trabajes como creativo o rezumes calma y serenidad. Por frenética que sea tu mente, dará la impresión de que tienes muy claro a dónde te diriges.

Cómo aprovechar tu talento natural: Tienes una afinidad natural por la belleza, ya se trate de preparar un *cacio e pepe* ideal, de dibujar una viñeta o de cantar con una entonación perfecta, por lo que estar junto a ti es muy agradable. Demuestra el talento que te ha concedido la diosa asumiendo el liderazgo en situaciones donde convenga añadir un poco de belleza.

Focos de tensión: Puede parecer que el ascendente en Tauro está casado con la rutina y, en el peor de los casos, es inflexible. Recuerda que la seguridad en ti mismo se puede confundir con resistencia al cambio o rechazo al *feedback*, incluso si en realidad no es así.

Ascendente en Géminis

Regente de la carta astral: Mercurio

Cómo te ven los demás: Tu multiplicidad innata lleva a que definirte no sea tarea fácil. Quizás te guste meditar... pero también te apasiona el fútbol. Tus peculiaridades resultan atractivas y son un imán para los demás, cuya curiosidad nunca queda satisfecha.

Cómo aprovechar tu talento natural: Eres multitud y en eso consiste tu superpoder. Tu cualidad camaleónica te hace inimitable, ¡aprovéchalo! Tienes intereses amplios y variados, por lo que puedes hablar con casi todo el mundo, pero, además, eres imprevisible. ¡Explótalo! No ser un libro abierto puede tener muchas ventajas.

Focos de tensión: Hay dos tipos de personas en el mundo: las que quedan encantadas con tu eclecticismo y las que no saben por dónde cogerte. A la gente le gusta encasillar a los demás y las personas con el ascendente en Géminis no encajan en ningún molde. No pasa nada. No le puedes caer bien a todo el mundo siempre.

Ascendente en Cáncer

Regente de la carta astral: Luna

Cómo te ven los demás: Con el ascendente en Cáncer, tu mezcla característica de cuidador y persona competente te convierte en un imán para las personas necesitadas de ayuda. La Luna como regente de tu carta astral te otorga una sensibilidad innata que lleva a que los demás no puedan evitar desahogarse contigo aunque no les pidas que te expliquen sus problemas o qué sienten.

Cómo aprovechar tu talento natural: Eres muy sensible al entorno, por lo que estás muy conectado con lo que sucede a tu alrededor. Tu inteligencia emocional te convierte en un aliado excelente en momentos de estrés o de dificultad. Aprovecha tu don natural y busca oportunidades para hacer brillar tu intuición y tu empatía.

Focos de tensión: La tendencia a mantener la guardia alta, sobre todo cuando conoces a gente nueva, puede hacer que parezcas altivo. Sé consciente de que, por mucho que tengas la sensación de que estás siendo increíblemente extrovertido, lo más probable es que estés siendo bastante reservado.

Ascendente en Leo

Regente de la carta astral: Sol

Cómo te ven los demás: La luminosidad y el optimismo del ascendente en Leo son muy atractivos. Cuán extrovertido seas exactamente dependerá de la casa que ocupe tu Sol (¡es el regente de tu carta astral!). Hay ascendentes en Leo más extrovertidos que otros, pero todos comparten una generosidad de espíritu que atrae a los demás.

Cómo aprovechar tu talento natural: La fiabilidad de la energía de Leo es uno de sus dones más infravalorados. Es un signo fijo, por lo que te mueves por el mundo con una constancia y una fortitud que te convierten en un aliado de confianza. Sorprende a tu entorno demostrando una convicción equiparable al célebre valor de Leo.

Focos de tensión: Como sucede con todas las ubicaciones de Leo, el orgullo puede causar tensiones en tus relaciones. Recuerda que transmites un aplomo impenetrable. La falta de vulnerabilidad puede resultar intimidante para otras personas o, incluso, confundirse por insensibilidad. Si te esfuerzas en mostrar lo que sientes, resultarás menos inaccesible.

Ascendente en Virgo

Regente de la carta astral: Mercurio

Cómo te ven los demás: ¿Quién ha dicho «capaz»? Tu pragmatismo indeleble te convierte en un imán para las personas menos organizadas (es decir, el resto del mundo). Desfacer los entuertos de los demás, ya se trate de cuestiones emocionales, físicas o materiales, es algo natural para ti, aunque en ocasiones te perjudique.

Cómo aprovechar tu talento natural: Eres flexible, observador y considerado, por lo que eres un solucionador de problemas nato que tiene dificultades para no intervenir, incluso cuando ya tienes múltiples bolas en el aire. Busca oportunidades para que tu actitud pragmática sea reconocida (¡y remunerada!).

Focos de tensión: Tendrás que prestar atención a los límites durante toda tu vida. Eres capaz de imponerlos, aunque quizás no te resulte fácil (en función de la ubicación de Mercurio, el regente de tu carta astral). Aplica la célebre sensatez de Virgo y di que no con más frecuencia, para no acabar sobrepasado y evitar quemarte.

Ascendente en Libra

Regente de la carta astral: Venus

Cómo te ven los demás: Tienes un don natural para adaptar tu fachada y te puedes relacionar con casi todo el mundo con afecto y sinceridad. Consigues que tu interlocutor sienta que es la única persona en la sala y tu modo por defecto es la «ofensiva de encanto».

Cómo aprovechar tu talento natural: Lo creas o no, la ansiedad social existe y aflige a la mayoría de las personas en algún momento. Tu facilidad genuina para relacionarte con los demás y facilitar los contactos es un activo. Busca oportunidades que te permitan reunir a personas y generar armonía social.

Focos de tensión: La capacidad de «cambiar de chaqueta» para que quienes te rodean se sientan cómodos puede llevar a que tu honestidad se vea cuestionada en alguna ocasión. Entender que hay personas (sobre todo las que tienen menos habilidades sociales) que se sienten amenazadas por tu encanto te puede ayudar a entender hostilidades que carecen de explicación aparente.

Ascendente en Escorpio

Regente de la carta astral: Marte, Plutón

Cómo te ven los demás: No todos los Escorpio son como Miércoles Adams. Bajo la superficie suceden muchas cosas que escapan a la vista y, en consecuencia, lo que se ve no necesariamente es lo que hay. Sí, cuando quieres puedes ser extrovertido, pero los demás no siempre se dan cuenta de que distas mucho de ser un libro abierto. Esto te convierte tanto en una musa misteriosa como en un enemigo potencialmente formidable.

Cómo aprovechar tu talento natural: La cara de póker puede ser muy útil. Si gravitas hacia entornos que valoran la capacidad perceptiva sumada a la templanza (por ejemplo: entornos médicos, situaciones terapéuticas o trabajos de cara al público), podrás poner en práctica tus dones naturales.

Focos de tensión: Superar tu aparentemente inexpugnable exterior no es tarea fácil. Poner límites está muy bien, pero no todo el mundo tiene segundas intenciones. Confía en tu instinto si alguien no te parece trigo limpio, pero no levantes muros tan altos.

Ascendente en Sagitario

Regente de la carta astral: Júpiter

Cómo te ven los demás: Los demás te ven como una persona segura de sus opiniones e incluso algo despreocupada, aunque la procesión vaya por dentro. El optimismo percibido y la voluntad de arriesgarte significan que las oportunidades pueden llamar a tu puerta incluso cuando no las buscas.

Cómo aprovechar tu talento natural: La mayoría de las personas temen a lo desconocido, pero es muy probable que tú estés dispuesto a probar suerte incluso cuando la probabilidad de éxito es solo del 50 por ciento. Los entornos y las relaciones donde imperen una mentalidad lúdica y la voluntad de probar cosas nuevas encajarán a la perfección con tus capacidades naturales.

Focos de tensión: Tu seguridad en ti mismo parece inagotable y, en ocasiones, puede resultar avasalladora, sobre todo para personas más tímidas o retraídas. Da un paso atrás y anima a otros menos osados que tú a compartir su punto de vista: tus relaciones diplomáticas mejorarán y demostrarás que eres una persona sensible.

Ascendente en Capricornio

Regente de la carta astral: Saturno

Cómo te ven los demás: Cuando todo lo demás falla, la gente recurre a un ascendente Capricornio para que tome las riendas y acabe el trabajo. Transmites calma en pleno caos, lo que puede tanto inspirar como intimidar a quienes te rodean.

Cómo aprovechar tu talento natural: La fortaleza emocional y la determinación corren por tus venas. Por poco glamurosa que resulte, la visión a largo plazo acostumbra a ser la más satisfactoria y, casi siempre, la menos común. Activa tu persistencia y tu apetito por el esfuerzo eligiendo el camino más complicado pero más satisfactorio a largo plazo. Casi siempre será la opción más segura y la que más satisfacción te proporcionará.

Focos de tensión: En función del lugar que ocupe tu Saturno (el regente de tu carta astral), tú ocuparás un punto u otro del espectro de la «determinación inquebrantable». Que no seas electrizante no significa que los demás no vean lo capaz que eres. Acabar solucionando los problemas creados por otros son gajes del oficio para las personas con el ascendente en Capricornio. Aplica tus célebres límites y rehúye pilotar barcos que se hunden.

Ascendente en Acuario

Regente de la carta astral: Saturno, Urano

Cómo te ven los demás: Eres analítico, innovador y algo peculiar: no cabe duda de que el ascendente en Acuario es de todo menos ordinario. Como signo de aire fijo, afrontas el mundo con sosiego y resolución, una actitud que, a veces, resulta fría, serena y, con frecuencia, algo distante.

Cómo aprovechar tu talento natural: Esta ubicación de Acuario tiene una faceta innegablemente reflexiva, lo que significa que no puedes evitar tomarte la vida un poco demasiado en serio. Tu capacidad para ser creativo y centrarte en la solución (sobre todo cuando el resto de las personas quedan atrapadas en cómo se sienten) te convierte en un solucionador de problemas extraordinario. Encuentra lugares, relaciones y funciones en los que esa luz analítica pueda brillar con fuerza.

Focos de tensión: «Emocionalmente frío» es una de las descripciones habituales que reciben las personas con el ascendente en Acuario. Y con razón. Tu tendencia a racionalizar las situaciones y las conductas hace que te ensimismes y pases por alto las emociones. Aunque eso no significa que estas no te importen, piensa que tu mirada perdida en el horizonte puede sugerir lo contrario.

Ascendente en Piscis

Regente de la carta astral: Júpiter, Neptuno

Cómo te ven los demás: Las personas con el ascendente en Piscis son creativas, intuitivas y perceptivas, con una cualidad muy espiritual. Si el resto de tu carta astral es especialmente pragmática o ardiente (por ejemplo, con una energía de tierra o fuego muy intensa), es posible que los demás te subestimen.

Cómo aprovechar tu talento natural: Tu actitud abierta ante la vida significa que tienes un don para acceder a la sabiduría más profunda de las situaciones, incluso cuando distan de ser ideales. Explorar las oportunidades y las relaciones para retroceder y mirar en perspectiva sacará el máximo de tu actitud visionaria y tus dones naturales.

Focos de tensión: Piscis tiende a absorber la energía de lo que sucede a su alrededor, por lo que, para bien o para mal, eres muy sensible al entorno. Dejarte arrastrar por los demás (ya se trate de sus mochilas emocionales, de sus sistemas de valores o de sus planes cotidianos) es un peligro real para ti. Instaurar y defender los límites no es fácil, pero sí fundamental para tu bienestar. Del mismo modo, las situaciones/entornos/relaciones tóxicas persistentes te afectarán mucho más que a otros signos. Tendrás que prestar una atención constante a la mejora de tu higiene energética.

V

ENSÉÑAME ☽

⊙ (AS)

ENTIENDE
TUS NODOS

En la psicología evolutiva, los nodos lunares representan de dónde vienes y la lección espiritual que has venido a aprender en esta vida. Los puedes usar para estructurar tu experiencia vital, identificar patrones recurrentes e iluminar el camino que te lleve a una nueva manera de ser.

¿Qué es la astrología evolutiva?

La astrología evolutiva usa técnicas especializadas para interpretar los nodos lunares y descubrir la trayectoria kármica del alma.

La creencia en la reencarnación y la convicción de que la carta astral contiene información clave acerca de la intención evolutiva del alma constituyen los pilares de esta orientación.

Steven Forrest fue el pionero de esta práctica en su icónico *Yesterday Sky: Astrology and Reincarnation*, una lectura imprescindible para todo el que quiera saber más acerca de este fascinante rincón del mundo astrológico. Si te interesa ahondar en este tema, Steven da clases en el Forrest Center for Evolutionary Astrology (**www.forrestastrology.center**). También puedes visitar **forrestastrology.com**.

Cómo aprovechar al máximo este capítulo.

Primero, usa la información en este capítulo para rellenar la ficha «Trabajar con los nodos norte y sur», que encontrarás en **theastrologyofyou.com/spanishworksheets/** o escaneando el código QR de la p. 176. En la ficha podrás reflejar todas las cualidades de tus nodos (signo, casa, elemento, modo, etc.). A continuación, responde en tu diario a las preguntas que encontrarás al final de cada perfil nodal para explorar qué ha de resolver, curar y aprender tu alma en esta vida.

¿Qué son los nodos?

☋ ☊ Los nodos son puntos de intersección entre la eclíptica (el plano de la órbita terrestre alrededor del Sol) y la órbita lunar alrededor de la Tierra. Son puntos en el espacio, no luminarias ni planetas físicos.

El nodo sur es el punto en el que la Luna interseca la eclíptica en dirección sur y, en la astrología evolutiva, representa el pasado. El nodo norte es el punto en el que la Luna interseca la eclíptica cuando avanza hacia el norte y representa el potencial futuro.

Los nodos cambian de signo aproximadamente cada dieciocho meses, por lo que las personas que nacen en fechas próximas comparten la misma firma nodal. Esto no significa que las almas de todas las personas que nacen en ese marco temporal compartan el mismo propósito, porque esos detalles dependen del lugar que los nodos ocupen en la carta y de la ubicación de sus regentes planetarios. Como punto de partida, explorar el signo y la casa de tus nodos norte y sur te ayudará a entender tu bagaje kármico y tu propósito espiritual.

Todo acerca del nodo sur

☊ El nodo sur resulta familiar

Lo mires como lo mires, el nodo sur es territorio conocido. Si estás abierto al concepto de reencarnación, puedes pensar en el nodo sur como en una manera de avanzar por el mundo que practicas desde hace miles de años. Es la mochila kármica con la que has llegado a esta vida.

Si no crees en la reencarnación, puedes pensar en el nodo sur como en una energía innata con la que llegamos al mundo. Otra manera de entenderlo es como una energía ancestral o un vínculo kármico con el linaje familiar. Es muy habitual ver similitudes entre los atributos del nodo sur y la experiencia vivida de los padres y de los abuelos.

☊ El nodo sur es limitante

Cuando miramos al nodo sur en un signo, nos fijamos en sus rasgos menos atractivos, porque son precisamente estos los que se manifiestan como lastres emocionales. El nodo sur describe las cualidades y los patrones conductuales reflejos y apunta a los problemas o a las dificultades que hay que trabajar y resolver en esta vida.

☊ El nodo sur es cómodo

Cuando estamos bloqueados, asustados, estresados o abrumados, adoptamos la energía del nodo sur sin pensarlo. Es nuestra reacción automática por defecto, como la compulsión de mordernos las uñas cuando estamos nerviosos. Si tenemos un mal día, encarnar el nodo sur sienta bien, porque nos resulta conocido. Es como un par de pantalones de chándal desgastados que no nos decidimos a tirar, porque nos los ponemos siempre que queremos estar cómodos.

Todo acerca del nodo norte

Ω El nodo norte es lo opuesto al nodo sur

Por su parte, el nodo norte está, literalmente, en el extremo opuesto del espectro. Representa la energía que el alma ha de explorar en esta vida. Desde un punto de vista técnico, siempre es el signo exactamente opuesto al nodo sur en la rueda del zodíaco. Esto significa que, aunque es contrario al nodo sur, existe en un mismo eje.

Ω El nodo norte resulta desconocido

Las cualidades del nodo norte acostumbran a resultar incómodas o incluso ajenas a nosotros. «Ajeno» es una palabra que aparece con frecuencia en las lecturas cuando comienzo a describir la energía del nodo norte. Describe una manera de avanzar por el mundo y de afrontar los problemas que nos resulta completamente novedosa. Es la acción más inesperada o una prenda de ropa que jamás se nos hubiera ocurrido llevar, y mucho menos a diario.

Ω El nodo norte nos desafía

Con frecuencia, las personas que acaban de descubrir las cualidades de su nodo norte se estremecen o se avergüenzan con solo pensar en encarnar esa energía. Esa respuesta indica casi siempre que se ha llegado a un espacio de vulnerabilidad y de crecimiento. Siempre que tengas una reacción visceral, entiéndela como una linterna que apunta al lugar que has de trabajar.

☊ El nodo norte es emocionante

Encarnar las cualidades del nodo norte casi nunca sale solo y casi siempre exige tiempo y esfuerzo, como aprender cualquier habilidad nueva. Por supuesto, no hay nada en la carta astral que te exija emprender el camino del nodo norte. Muchas personas permanecen en el nodo sur durante toda su vida y están encantadas de quedarse ahí. Recoger o no el guante que te arroja el nodo norte solo depende de ti. Sin embargo, si decides seguir a tu nodo norte, lo más probable es que, una vez hayas superado la incomodidad inicial, experimentes una satisfacción extraordinaria y pienses: «¿Cómo es posible que no lo probara antes?».

Cuándo usar este capítulo

Es posible que los nodos aporten la energía más global de todas las que se exploran en este libro. Ofrecen una visión general que puedes usar a la hora de tomar cualquier decisión, tanto si te ha de cambiar la vida como si es algo insignificante. Siempre animo a mis clientes a que se pregunten: «¿Qué haría mi nodo norte?».

Si te sientes completamente perdido

Quizás una de sus mayores utilidades sea la de recalibrar el GPS de tu alma. Los nodos ofrecen una estructura profundamente reparadora cuando sentimos que nos hemos perdido. Te pueden orientar hacia un lugar nuevo y emocionante cuando buscas dirección e iluminan un camino (casi siempre fuera de la zona de confort) que promete nuevas aventuras y experiencias y, sobre todo, un enorme crecimiento espiritual.

Si te encuentras ante el cartel DIRECCIÓN EQUIVOCADA, DA MEDIA VUELTA (hablando figuradamente), los nodos te pueden ayudar a decidir cuál es el mejor siguiente paso. Son el trampolín definitivo para la pregunta «¿Y ahora qué?». Reflexionar sobre las respuestas que te ofrecen los nodos sur y norte ante una situación te ayudará a esclarecer las opciones de que dispones y cuáles pueden ser las más indicadas para ti.

Si te preguntas qué te falta

Si todo parece correcto sobre el papel, pero tienes la sensación de que te falta algo, los nodos son el lugar perfecto donde empezar a indagar. Recurre a los nodos cuando la vida avance pero te sientas insatisfecho. Lo más probable es que esa chispa adicional que te falta esté en el nodo norte.

Si anhelas un cambio desesperadamente

Los nodos son un lugar estupendo en el que mirar si te descubres resolviendo los mismos problemas una y otra vez. Examina tus nodos e identifica a qué patrones recurrentes acudes sin pensar cuando vives en piloto automático o te dejas llevar por el miedo. Los nodos identifican los procesos inconscientes de toma de decisiones que adoptamos, sobre todo cuando estamos asustados. Reflexionar acerca de las respuestas que te dan los nodos sur y norte (o que te han dado, si piensas en errores pasados) te ayudará a identificar tus opciones primero y a determinar cómo conseguir resultados diferentes después.

Cómo integrar los nodos

Encuentra una musa del nodo norte

La energía del nodo norte casi siempre nos resulta ajena y entender cómo encarnar sus cualidades en la vida cotidiana puede resultar algo difícil. Un ejercicio divertido consiste en identificar a alguien que encarne ese signo con fuerza: puede ser un amigo o un familiar o incluso una figura pública que tenga su Sol, su Luna o su ascendente en ese signo. Reflexiona acerca de cómo encarna las cualidades de ese signo y experimenta usando a esa persona como musa. ¿Cómo aborda la vida? ¿Cómo toma las decisiones complicadas? ¿Qué prioriza? ¿Qué puedes aprender de su manera de hacer las cosas?

Busca puntos de conexión

Aunque siempre serán signos opuestos, los nodos norte y sur tienen puntos en común. Su eje energético nos muestra cómo abordan un mismo problema desde puntos opuestos del espectro.

Por ejemplo, Virgo está frente a Piscis en el zodíaco. Sus maneras de actuar y de entender la vida son completamente distintas y, sin embargo, en lo más profundo ambos signos están orientados a la curación. Ambos están motivados por la compasión, la empatía y el deseo de ser útiles, uno desde una postura terrenal y práctica (Virgo) y el otro desde una visión general y profundamente espiritual (Piscis). Identificar el puente entre los nodos sur y norte esclarecerá el tema central del viaje de tu alma. Reconocer el puente que une a los nodos norte y sur te ayudará a integrar y a honrar tu pasado kármico al tiempo que encarnas tu potencial nodal.

Los nodos y las casas

☋ ☊ Si quieres entender en mayor profundidad la energía de tus nodos, ten en cuenta las casas que ocupan. En las pp. 28-35 encontrarás más información acerca de las casas.

El nodo sur en la Casa I y el nodo norte en la Casa VII reflejan una pauta kármica de ser demasiado individualista, quizás incluso un lobo solitario, o de estar demasiado preocupado por el yo. Esto se podría manifestar como una fijación con la imagen corporal, el aspecto o cómo te perciben los demás. Tu camino en esta vida consiste en aceptar el gozo de la colaboración. Cooperar con otros en el trabajo, como en la vida, será una fuente de realización si decides amar y compartir el viaje con un copiloto.

El nodo sur en la Casa II y el nodo norte en la Casa VIII reflejan una pauta kármica asociada a las cuestiones financieras o materiales. Podría ser el miedo a no tener nunca lo suficiente, la preocupación por los símbolos de estatus o el temor a vincularte económicamente con otras personas. Tu camino en esta vida consiste en aprender a confiar y a compartir tus recursos (emocionales, físicos y económicos) de una manera sana, un camino que te llevará al autoconocimiento. Resistir el impulso de anestesiarte del malestar adquiriendo más «cosas» y ahondar en las cuestiones profundas que alimentan tus anhelos materiales resultará sanador.

El nodo sur en la Casa III y el nodo norte en la Casa IX reflejan una pauta kármica de empequeñecerte cuando te sientes amenazado. Es posible que adoptes la función de aprendiz o que te mantengas ocupado con la logística y con las cuestiones administrativas en un esfuerzo por evitar afrontar cuestiones más importantes y filosóficas. Tu camino en esta vida es desprenderte de la mentalidad de novato y convertirte en una autoridad. Responde a la llamada a ampliar tus horizontes, sal de tu zona de confort y vive el mundo como un pez pequeño en un gran estanque. Viajar (sobre todo al extranjero), los estudios superiores y las prácticas espirituales podrían ser experiencias muy gratificantes.

El nodo sur en la Casa IV y el nodo norte en la Casa X reflejan una pauta kármica de anteponer las expectativas de tu familia a tus ambiciones personales. Quizás uses las responsabilidades familiares como una excusa para no explorar tus propios objetivos o te escudes en las urgencias de la monotonía doméstica para evitar lanzarte a la carrera profesional que soñabas. Tu camino en esta vida es perseguir los grandes sueños que te mantienen en vela por la noche y equilibrar tu vida familiar y doméstica con tus objetivos personales.

El nodo sur en la Casa V y el nodo norte en la Casa XI reflejan una pauta kármica en la que la falta de límites y la tendencia al exceso han definido tus experiencias anteriores. Evadirte (ya sea mediante la comida, las drogas, el sexo o las compras) puede ser una gran tentación para ti. Sea lo que sea, pasártelo demasiado bien durante demasiado tiempo puede impedir que encuentres sentido y conexión. Tu camino en esta vida es vivir experiencias en las que te sientas parte de algo mayor y dejar de buscar la satisfacción inmediata. Participar en la comunidad o en cuestiones de justicia social o defender a un colectivo podrían ser vías extraordinariamente gratificantes.

El nodo sur en la Casa VI y el nodo norte en la Casa XII reflejan una pauta kármica de enterrarte en responsabilidades. Tanto si se trata de ser esclavo de tu trabajo, de tus hijos o de tu pareja, tienes espíritu de mártir y te agotas. En momentos de estrés, asumir aún más responsabilidades puede ser un mecanismo de afrontamiento que te anestesia y que impide que satisfagas tus necesidades. Tu camino en esta vida es el de aceptar la soledad, ceder el control y aprender a disfrutar la libertad de contar con espacios en blanco en la agenda. Experimenta con cómo te sientes al hacer menos, da prioridad a la introspección y di «no» a los vampiros energéticos.

El nodo sur en la Casa VII y el nodo norte en la Casa I reflejan una pauta kármica de alguien que puede ser excesivamente deferente en situaciones de incertidumbre. Quizás tiendas a la codependencia, tengas dificultades para tomar decisiones o temas probar cosas solo. Tu camino en esta vida es desarrollar tu independencia y aprender a confiar en tu instinto y tomar decisiones sobre todo pensando en ti. Aprender a anteponer tus necesidades a las de los demás, y sobre todo a las de tu pareja, será una lección a tener presente durante toda tu vida.

El nodo sur en la Casa VIII y el nodo norte en la Casa II reflejan una pauta kármica anclada en la falta de voluntad. Sentirte impotente o actuar desde la impotencia, ya hablemos del plano económico, energético o físico (o de los tres), puede ser una pauta habitual. Tu reto en esta vida es desarrollar el poder personal. Has de hacer cosas que te ayuden a consolidar una seguridad y una autoestima independientes y ajenas a las expectativas de los demás. Lograr la independencia económica y vivir según tus principios promoverá tu desarrollo.

El nodo sur en la Casa IX y el nodo norte en la Casa III reflejan una pauta kármica de quedar atrapado en las grandes ideas, aspiraciones, ideales o incluso la religión a expensas de los compromisos cotidianos. Se puede manifestar como la tendencia a evitar o rechazar las responsabilidades mundanas o la aversión a echar raíces. Quizás tiendas a dar lecciones sin ser competente. Tu camino en esta vida es celebrar todo lo que no sabes, reconocer tus puntos ciegos y aceptar la experiencia de ser aprendiz en lugar de intentar asumir la función de gurú. Encontrar sabiduría y motivos de asombro incluso en tu propio patio/barrio puede ser muy gratificante.

El nodo sur en la Casa X y el nodo norte en la Casa IV reflejan una pauta kármica de estar preocupado por el logro y el éxito, sobre todo en lo que a la carrera profesional y a la reputación se refiere. Se puede manifestar como la tendencia a trabajar demasiado o a usar el trabajo como una excusa para evitar la intimidad, sobre todo en casa. Tu camino en esta vida es crear un entorno seguro y estimulante (física y emocionalmente hablando) en casa, dar prioridad a la familia, o a la familia elegida, e instaurar límites en el trabajo.

El nodo sur en la Casa XI y el nodo norte en la Casa V reflejan un pasado kármico anclado en el pensamiento de grupo. Se puede manifestar como la tendencia a seguir a las masas, a preocuparte innecesariamente por cómo te recibirán (o a tus ideas/trabajo/conducta) tus iguales o a anteponer la ideología o una macrocausa a tus necesidades. Tu camino en esta vida es relajarte, aprender a divertirte, hacer sitio a la alegría, al placer y a la creatividad y, sobre todo, aceptar tu individualidad.

El nodo sur en la Casa XII y el nodo norte en la Casa VI reflejan una pauta kármica en la que el aislamiento, el distanciamiento y la evasión son patrones recurrentes. Se puede manifestar como la tendencia a desconectar de la vida cotidiana (ya sea escapando físicamente, ya sea mediante algún tipo de sustancia) o a aislarte en momentos de estrés. Quizás creas que debes enfrentarte en solitario a los problemas y te aísles emocionalmente en los momentos duros. Tu camino en esta vida es encontrar estabilidad y anclaje en la rutina, asumir la responsabilidad, encontrar alegría al de cuidar de otros, consuelo en el servicio.

Los planetas en aspecto con los nodos

☋ ☊ Si abordas los nodos como la clave para entender tu historia pasada o si prefieres leerlos como un legado ancestral, interpretar los aspectos que forman con otros planetas enriquecerá los matices de tu historia.

Planetas en conjunción con el nodo sur (y en oposición al nodo norte)

El planeta en conjunción con el nodo sur imbuye a este de sus cualidades y añade otra nota a su sabor, como si agregáramos otro ingrediente llamativo (el planeta) a una salsa (el nodo sur); es como las anchoas de la salsa napolitana.

Desde la perspectiva de la vida pasada, ofrece más detalles acerca de quién eras y de los retos a que te enfrentaste. Por ejemplo, Marte en conjunción con el nodo sur aportaría un aroma belicoso a tus vidas pasadas, en las que la ira, la agresividad y el dominio habrían sido temas clave.

Desde una perspectiva ancestral, añade detalles al bagaje kármico que pasa de una generación a la siguiente. Tanto si lo lees como una vida pasada o como energía ancestral, te dice cómo se manifiesta esa energía en el presente.

Como siempre se opone al nodo norte, representa un obstáculo con el que te encontrarás a la hora de encarnar las cualidades del nodo norte en esta vida.

Planetas en conjunción con el nodo norte (y en oposición al nodo sur)

Del mismo modo, un planeta en conjunción con el nodo norte enriquece la información acerca del camino que has de explorar en esta vida.

Como siempre se opone al nodo sur, puede representar un obstáculo. Desde la perspectiva de una vida pasada, podría ser una situación en la que quedaste en segundo lugar o una persona que te impidió alcanzar todo tu potencial.

Ancestralmente, puede representar una situación que frustró a generaciones pasadas. El planeta puede apuntar a un arquetipo común en la familia. Por ejemplo, el Sol en Escorpio puede representar a un patriarca controlador y divisorio.

Planetas en cuadratura con el nodo norte y el nodo sur

Al igual que los planetas que se oponen a los nodos, los planetas en cuadratura con estos ofrecen más información acerca de las dificultades a las que tú o tu familia os habéis enfrentado y acerca de lo que has de superar en esta vida.

En el contexto de las vidas pasadas, puede representar cuestiones sin resolver. Las cualidades del planeta describirán los cabos sueltos que exigen que actúes para resolverlos de una vez por todas.

Desde un punto de vista ancestral, el planeta puede describir una dificultad o problema que ha perdurado a lo largo de generaciones. Por ejemplo, Venus en Virgo puede representar las dificultades para encontrar alegría fuera del trabajo.

Reflexionar acerca de las cualidades más positivas del planeta te puede ayudar a superar el obstáculo en esta vida y a avanzar en el camino del nodo norte. Por ejemplo, si pones la meticulosidad de Virgo al servicio de Venus, puedes encontrar una salida creativa y escapar del trabajo experimentando con la animación fotograma a fotograma.

Planetas en aspectos blandos con los nodos

Los planetas en aspectos blandos con el nodo sur representan una cualidad personal, una situación o una persona que te ayudó en una vida pasada pero que, al final, no bastó para que pudieras superar los obstáculos más importantes.

En el contexto de los antepasados, podrían representar un arquetipo solidario en la familia. Por ejemplo, la Luna en Cáncer podría representar a una figura materna abnegada y compasiva.

Por naturaleza, los planetas también formarán aspectos blandos con el nodo norte (los planetas en trígono con el nodo sur estarán en sextil con el nodo norte y viceversa) y te ofrecerán un refuerzo energético que te ayude a emprender el camino del nodo norte en esta vida.

Nodo norte en *Aries* y nodo sur en *Libra*

Eje energético: Yo ↔ los demás

Palabras clave: Liderazgo, valor, decisión

Principales lecciones de vida

- ◯ Aprender el arte de la asertividad sana.

- ◯ Aprender a liderar sin pedir disculpas por ello.

- ◯ Tomar decisiones sin consultar a otros.

De dónde vienes: El nodo sur en Libra

El nodo sur en Libra hace que mantener la paz y portarse bien sea un reflejo natural para ti. Este nodo sur tiende a buscar la validación externa y a sufrir de indecisión, ansiedad y parálisis por análisis. No es que bajo tu fachada serena no te frustres o no te enfades con los demás (eres humano), sino que te resulta difícil expresar esa ira o defender tu postura. Recuerda que evitando el conflicto solo consigues reprimir las emociones.

Qué has de aprender en esta vida: El nodo norte en Aries

El nodo norte en Aries es una invitación kármica a que aprendas el arte de la afirmación saludable. Tu misión es descubrir qué te gusta y qué no, sin dejarte llevar por la opinión de los demás y tener el valor de pedir lo que quieres.

Se trata de aprender a valerte por ti mismo y que te sientas cómodo agitando las aguas, a que tomes decisiones rápidas y confíes en ti mismo. La energía de Aries no teme pasar a la acción y, cuando yerra, no malgasta energía preocupándose por ello. El pasado es el pasado. El nodo norte quiere que te levantes y sigas adelante.

Mantras conscientes

O La ira es una emoción válida y necesaria.

O Hacerme notar no es un crimen.

O Albergo todas las respuestas en mi interior.

O No le puedo caer bien a todo el mundo, y no pasa nada.

O Ser honesto es tan admirable como ser amable.

Preguntas para el diario

¿Cómo reaccionaba mi familia cuando expresaba ira de niño?

¿Cuándo noto que me enfurezco pero me reprimo? ¿Qué necesidades no están siendo satisfechas en esos momentos?

¿Cuándo recurro a otros para que me guíen?

¿Cuándo es más probable que busque la aprobación de los demás?

¿Cuándo reprimo mis emociones u opiniones por temor a alterar el *statu quo*?

¿Qué creo que sucedería si expresara mis opiniones o emociones con honestidad en el momento en que aparecen?

Nodo norte en *Tauro* y nodo sur en *Escorpio*

Eje energético: Seguridad ↔ desconfianza

Palabras clave: Seguridad, placer, confianza

Principales lecciones de vida

○ Aprender a confiar y a abrir el corazón.

○ Conseguir seguridad material y emocional.

○ Renunciar a la necesidad de controlar las relaciones.

De dónde vienes: El nodo sur en Escorpio

El nodo sur en Escorpio refleja una historia kármica en la que el control, el poder y las situaciones intensas han moldeado tu experiencia. Es posible que en alguna vida te hayas sentido amenazado o hayas vivido situaciones en la que te has sentido inseguro.

En esta vida, te puede costar abrirte a los demás y confiar en la gente. Quizás seas demasiado reservado y esperes que ni las personas ni las situaciones sean lo que aparentan. Otra manifestación es la atracción por relaciones con dinámicas de poder destructivas. La tendencia a fijarte en temas/intereses/personas de un modo obsesivo es otra de las posibles trampas para este nodo.

Qué has de aprender en esta vida: El nodo norte en Tauro

El nodo norte en Tauro te invita a explorar y a asimilar el placer, sin más. Es un recordatorio kármico para que te dejes ir. Tu tarea consiste en construir una vida segura, cómoda y creativa. La clave reside en dar prioridad a lo que te hace sentir bien a un nivel visceral y en buscar relaciones en las que te sientas seguro, amado y a salvo (tanto física como emocionalmente hablando). También es importante que priorices pasar tiempo en contacto con la naturaleza y que encuentres la manera de dar salida a tu creatividad y soltarte, volver a tu cuerpo, confiar en ti mismo y experimentar con la posibilidad de que las cosas salgan bien. Es esencial que crees un espacio seguro, sereno y bello en el que te sientas a salvo y puedas bajar la guardia y relajarte.

Mantras conscientes

- Vivo una vida serena y fluida.

- Estoy seguro y a salvo, soy amado.

- El dolor no es un resultado inevitable del amor.

- Tengo el control absoluto sobre mi cuerpo, mi mente y mis emociones.

- La abundancia fluye hacia mí.

- Mi cuerpo es un don sagrado para la creatividad y el placer.

Preguntas para el diario

¿Qué medidas me ayudarían a sentirme más seguro, emocional, física y económicamente hablando?

¿Qué actividades me ayudan a reconectar con el cuerpo y con un placer más profundo?

¿Cuándo he confiado en alguien y ha salido bien?

¿Qué tipos de encuentros y de actividades en la naturaleza me ayudan a sentirme anclado y tranquilo?

¿Qué actividades creativas me ayudan a desconectar y a vivir plenamente el momento?

Nodo norte en *Géminis* y nodo sur en *Sagitario*

Eje energético: Fluidez ↔ dogma

Palabras clave: Experimentación, juego, flexibilidad

Principales lecciones de vida

◐ Renunciar a la necesidad de decir la última palabra.

◐ Abandonar las etiquetas.

◐ Aprender a estar cómodo con la ambigüedad.

◐ Darte permiso para jugar y experimentar.

◐ Permitir que otros (y tú) cometan errores.

De dónde vienes: El nodo sur en Sagitario

El nodo sur en Sagitario habla de un pasado kármico anclado en la ideología. Quizás encarnes la energía del «si no te gusta, ahí está la puerta» y te muestres inflexible. Es posible que seas inquieto por naturaleza o un culo de mal asiento.

En esta vida, el nodo sur se puede presentar como una potente energía sabelotodo. La tendencia a la pedantería alimenta la necesidad de tener la última palabra y de desdeñar a todo el que no esté de acuerdo contigo. También se puede resistir al compromiso o moverse sin pausa en busca de algo (o alguien) que le importe de verdad.

Qué has de aprender en esta vida: El nodo norte en Géminis

El nodo norte en Géminis te invita a abrir tu perspectiva, a abandonar tu enfoque maniqueo de la vida y a darte permiso para experimentarlo todo. No tienes por qué elegir entre ser contable o maestro de reiki. ¡Puedes ser contable y maestro de reiki! Cuando tomes decisiones, es fundamental que examines cómo te sientes al sustituir «o» por «y». La fluidez (tanto si se trata del trabajo, de la sexualidad o de las creencias espirituales) es una de las potentes energías que aporta el nodo norte en Géminis. Es muy importante que aprendas a estar cómodo con el aprendizaje por ensayo y error y que aceptes la alegría de las conversaciones bidireccionales y de hablar «con» los demás en lugar de «a» los demás. Encontrar la ligereza, la curiosidad y el aprendizaje en las situaciones, incluso cuando parecen pesadas, es la clave del nodo norte en Géminis.

Mantras conscientes

○ Los errores son una oportunidad de aprendizaje.

○ Soy una gloriosa multitud de contradicciones.

○ No tengo todas las respuestas... y no pasa nada.

○ La experimentación es la energía vital de mi flujo creativo.

○ Escuchar sin juzgar facilita los aprendizajes más profundos.

Preguntas para el diario

¿Qué he aprendido de mis mayores errores?

¿Con qué frecuencia escucho por el placer de escuchar en lugar de escuchar mientras espero para responder?

¿Qué actividades o intereses me despiertan la curiosidad?

¿Qué relaciones, situaciones o entornos me resultan más lúdicos?

¿Qué sucede cuando sustituyo «o» por «y»?

Nodo norte en *Cáncer* y nodo sur en *Capricornio*

Eje energético: Compasión ↔ determinación

Palabras clave: Receptividad, empatía, sensibilidad

Principales lecciones de vida

- ○ Mitigar tu apego al logro.

- ○ Abandonar la idea de que te las has de apañar solo.

- ○ Encontrar plenitud en la familia, ya sea la biológica o la elegida.

- ○ Aprender a confiar en tu intuición en lugar de en las normas.

De dónde vienes: El nodo sur en Capricornio

El nodo sur en Capricornio refleja una mochila energética anclada en la responsabilidad, la ambición y la dignidad. Tu pasado kármico se definía por la determinación inquebrantable de conseguir tus objetivos costara lo que costara. Tu actitud era seria, implacable y carente de emoción, con la expectativa de que tu vida sería difícil y solitaria. El miedo a la pobreza podría haber sido un factor importante.

En esta vida, se puede manifestar como un apego perjudicial al trabajo. Quizás te sientas excesivamente comprometido con alcanzar el éxito y con la mentalidad de escasez. La reticencia a expresar la vulnerabilidad y un realismo que roza el pesimismo también podrían ser un problema.

Qué has de aprender en esta vida: El nodo norte en Cáncer

El nodo norte en Cáncer te invita a relajarte y a dejar que la vida suceda. Aceptar tu sensibilidad y encontrar fuerza en la vulnerabilidad será una de las lecciones importantes para ti en esta vida. Es importante que aprendas a sentir (y a compartir) tus emociones, así como que negocies las emociones difíciles cuando surjan en lugar de reprimirlas y «seguir a lo tuyo». Esta ubicación busca la plenitud, cuidar a otro y explorar qué significa la familia, no al modo tradicional, sino en el sentido de encontrar a tu gente y unirte a ella, lo que te hará inmensamente feliz. Cuidar de alguien (o de algo) es de los mejores regalos que te puedes hacer en esta vida.

Mantras conscientes

- ◯ La vulnerabilidad no es un signo de debilidad.

- ◯ Confío en que lo que me llega es para mí.

- ◯ El éxito material no determina mi valía como persona.

- ◯ La fuerza y la suavidad no son excluyentes.

- ◯ Las lágrimas ayudan a procesar las emociones.

Preguntas para el diario

¿Cuándo fue la última vez que dejé de porfiar y me limité a dejar que las cosas sucedieran?

¿Cómo me puedo conceder más espacio para sentir las emociones intensas?

¿En qué relaciones me siento lo bastante seguro como para abrirme y expresar mi vulnerabilidad?

¿Cuándo he antepuesto la conexión al logro?

Nodo norte en *Leo*
y nodo sur en *Acuario*

Eje energético: El individuo ↔ el grupo

Palabras clave: Orgullo, autoconfianza, visibilidad

Principales lecciones de vida

- Estar cómodo con el protagonismo.

- Resistir el impulso de seguir la corriente a los demás.

- Activar la creatividad en lugar de dar demasiadas vueltas a las cosas.

- Brillar con luz propia y que te admitan los demás.

De dónde vienes: El nodo sur en Acuario

Con el nodo sur en Acuario, tu mochila kármica te lleva a anteponer el bien general a tus necesidades. Es posible que formaras parte de un grupo religioso o político que, a pesar de estar muy unido, se mantenía claramente al margen de la corriente general. La racionalización de la pérdida de agencia personal y la negativa a expresar la creatividad podrían haber sido dos de tus características principales.

En esta vida, el nodo sur se puede manifestar como la tendencia a dejarte llevar por la corriente. Lo más habitual es que se presente como el miedo a ser visto o a destacar. Es posible que adoptes por defecto la postura de «la unión hace la fuerza» y que no te permitas expresar (ni siquiera explorar) tu propia opinión ni estés dispuesto a dar un paso adelante, sobre todo si implica ser creativo.

Qué has de aprender en esta vida: El nodo norte en Leo

El nodo norte en Leo es una invitación kármica a que dejes brillar tu luz. Tu misión consiste en sentirte cómodo siendo visto por los demás. La clave de esta posición está en dar un paso al frente, alzar la voz y compartir tus dones creativos con el mundo. Te será complicado resistirte a la tentación de rodearte de la protección que ofrece el grupo y de hacer lo mismo que todos los demás, pero merecerá la pena. Acepta que eres inherentemente creativo y permítete explorarlo de un modo que te emocione y te motive. Hacer cosas que te asusten un poco pero te diviertan mucho (en lugar de nobles, abnegadas y dignas) será un punto de partida fantástico.

Mantras conscientes

- Está bien que me vean.
- Estoy orgulloso de todo lo que he conseguido.
- Tengo el valor de emprender solo aventuras nuevas.
- Me siento seguro ocupando mi sitio y brillando con fuerza.
- Mis necesidades personales son consideraciones válidas a la hora de tomar decisiones.

Preguntas para el diario

¿Cuándo me dejo arrastrar por el grupo?

¿Cómo me siento en mi interior?

¿Cuándo (y con quién) me siento seguro dejándome ver?

¿Con qué actividad creativa he soñado siempre?

¿Cuándo (y con quién) me siento más valiente?

Nodo norte en *Virgo* y nodo sur en *Piscis*

Eje energético: Refinamiento ↔ fluidez

Palabras clave: Selectividad, anclaje, orden

Principales lecciones de vida

- ◯ Ser selectivo con la compasión que ofreces.

- ◯ Encontrar estabilidad en el orden y en el proceso.

- ◯ Aprender a amar la resolución de problemas.

- ◯ Adquirir rutinas que promuevan tu bienestar.

De dónde vienes: El nodo sur en Piscis

El nodo sur en Piscis refleja una mochila kármica asociada a los límites. Tu bagaje espiritual te impulsa a salvar a quienes te rodean o a lanzarte a proyectos o relaciones sin pensar en las consecuencias.

En esta vida, el nodo sur en Piscis puede aportar una inestabilidad innata. El escapismo, la fantasía y la falta de discernimiento pueden llevar a resultados destructivos. Es posible que tengas la necesidad de desconectar de la realidad o de esconder la cabeza en la arena. Es posible que te enamores con frecuencia y rapidez. Se puede manifestar como una especie de compasión insensata en la que das mucho de ti, pierdes identidad y te quemas emocionalmente.

Qué has de aprender en esta vida: El nodo norte en Virgo

El nodo norte en Virgo te invita a ser más selectivo respecto a cómo y dónde inviertes tu energía. Tu corazón compasivo es un superpoder y deberías protegerlo: no todo el mundo lo merece. Uno de tus mayores retos será aprender a decir que no sin que la culpa te abrume. Tendrás que aprender el importante arte de los límites respetuosos y afectuosos. La estabilidad también es importante y reconectar con el cuerpo y adquirir rutinas terrenales que te permitan mantener aunque solo sea un pie en el suelo te resultará utilísimo. Hacerte responsable de ti mismo, abandonar la mentalidad de víctima y aprender a amar cierta rutina te irá muy bien. Afrontar la vida más metódicamente e instaurar cierta estructura promoverá tu crecimiento espiritual.

Mantras conscientes

○ Los límites son una expresión válida de mi valía.

○ Exigir que se respeten mis límites no significa que no merezca ser amado.

○ La creatividad y la estructura no son excluyentes.

○ El acceso a mi corazón es un privilegio, no un derecho.

Preguntas para el diario

¿Cómo me siento cuando le digo que no a alguien a quien quiero? ¿Cómo reaccionan los demás cuando les digo que no?

¿Cuándo me siento abrumado por mi compromiso con ayudar a los demás?

¿Qué relaciones me aportan estabilidad?

¿Qué ejercicio físico o qué actividad me ayudan a conectar con el cuerpo y a anclarme en la realidad?

¿Qué aspectos de mi vida parecen escapar a mi control o carecer de dirección? ¿Cómo me ayudaría la rutina a estabilizar esas facetas?

Nodo norte en *Libra* y nodo sur en *Aries*

Eje energético: Cooperación ↔ conflicto

Palabras clave: Diplomacia, compromiso, empatía

Principales lecciones de vida

- ○ Aprender el arte de la colaboración.

- ○ Afrontar la vida desde la negociación en lugar de la imposición.

- ○ Aprender a responder en lugar de reaccionar.

- ○ Encontrar maneras sanas de expresar la ira y la agresividad.

De dónde vienes: El nodo sur en Aries

El nodo sur en Aries refleja una trayectoria kármica caracterizada por la determinación, la agresividad y la independencia. El deseo de dominar ha modelado tus experiencias y ha imbuido a tu vida de un antagonismo muy marcado. Tu lema era «Actúa ahora y piensa después» y tus respuestas instintivas eran jugar para ganar, afirmar tus derechos y avanzar hacia el peligro.

En esta vida, se puede manifestar como una actitud excesivamente competitiva o como la tendencia a actuar sin haber reflexionado antes. La impulsividad, la ira y la dificultad para negociar te pueden causar problemas en las relaciones. Es posible que sientas que el conflicto, la confrontación y el drama te persiguen o que te cuesta trabajar en equipo. La tendencia a aburrirte de las situaciones (¡y de las personas!) también podría ser recurrente.

Qué has de aprender en esta vida: El nodo norte en Libra

El nodo norte en Libra te invita a refinar tus habilidades diplomáticas. Esta vida trata de aprender el arte de la negociación, la colaboración y la cooperación. Aprender a tratar estratégicamente con distintas personalidades y dominar el arte de la negociación te será difícil, pero muy gratificante. Es importante que perfecciones la habilidad de la comunicación consciente. También es fundamental que bajes la velocidad y que seas más sensible a lo que sucede alrededor de ti, tanto socialmente como en tu entorno. Reforzar el músculo de la empatía y aprender a escuchar y a ver las cosas desde otros puntos de vista te abrirá puertas si estás dispuesto a esforzarte.

Mantras conscientes

- La vida es un deporte de equipo.

- La escucha activa es un superpoder.

- La colaboración es la clave del éxito.

- Puedo conseguir el doble si colaboro con otros.

Preguntas para el diario

¿Cuándo tengo dificultades para colaborar con otras personas?

¿Cómo reacciono cuando me dicen que no?

¿Qué experiencias o entornos me permiten abrirme a los puntos de vista de otras personas?

¿Cuándo tengo la oportunidad de mejorar mis habilidades como jugador en equipo?

¿Qué sucede cuando pruebo a detenerme y responder en lugar de reaccionar en situaciones de conflicto?

Nodo norte en *Escorpio* y nodo sur en *Tauro*

Eje energético: Intensidad ↔ seguridad

Palabras clave: Focalización, sombra, profundidad

Principales lecciones de vida

○ Conectar con la vida a un nivel más profundo y significativo.

○ Ser proactivo a la hora de curar heridas antiguas.

○ Explorar la sombra.

○ Resistir la tentación de ir a lo seguro.

De dónde vienes: El nodo sur en Tauro

El nodo sur en Tauro habla de una trayectoria kármica de ir a lo seguro. Casi nunca (o nunca) has agitado las aguas y, si algo te ha resultado difícil o doloroso, te has negado a profundizar para ver qué sucedía en realidad. Has mantenido cierto nivel de comodidad (material y emocional) a costa de no experimentar la vida plenamente.

En esta vida, se puede manifestar como la tendencia a ser excesivamente cauteloso. Es posible que seas muy conservador en lo relativo al dinero o que te resistas al menor cambio o alteración de la rutina. Cuando las cosas van mal, puedes tomar medidas extraordinarias para evitar examinar el origen del problema y prefieres quedarte en la superficie y centrarte en el aquí y ahora material.

Qué has de aprender en esta vida: El nodo norte en Escorpio

El nodo norte en Escorpio llama a la intensidad, a la atención focalizada y a la verdad. Tu alma se ha encarnado en esta vida para sentir las cosas visceralmente y en profundidad. Esta energía te insta a experimentar la vida con plenitud y a asumir algún que otro riesgo. En lugar de aspirar a la comodidad, este nodo norte te pide que aceptes tu sombra. ¿Quién eres cuando nadie te mira? ¿Qué heridas llevas y qué necesitan para curarse de verdad? Este nodo norte te da luz verde para sumergirte completamente en algo en lugar de quedarte en la superficie. Es esencial que te des permiso para profundizar en la vida, ya hablemos de aficiones o de relaciones. Esta energía medrará si la enfocas con precisión. Encuentra algo a lo que hincar el diente y no te reprimas.

Mantras conscientes

○ Ir a lo seguro significa ir a lo pequeño.

○ Estoy aquí para experimentar la vida en su versión más plena.

○ Me crezco ante la oportunidad de centrarme y de profundizar en las experiencias.

○ Si no lo confronto, no hay sanación ni liberación posible.

Preguntas para el diario

¿Cuándo tiendo a ir a lo seguro?

¿Qué intereses o áreas de la vida me intrigan y me aterran al mismo tiempo?

¿Con cuánta frecuencia me tomo mi tiempo para sumergirme plenamente en algo?

¿En qué áreas de la vida evito activamente profundizar e ir más allá de la superficie?

¿Qué heridas emocionales temo reconocer y afrontar?

Nodo norte en *Sagitario* y nodo sur en *Géminis*

Eje energético: Convicción ↔ indecisión

Palabras clave: Fe, aventura, expansión

Principales lecciones de vida

- Explorar la vida en tus propios términos.

- Extraer tus propias conclusiones.

- Defender tus opiniones.

- Conectar con algo más grande que tú.

De dónde vienes: El nodo sur en Géminis

El nodo sur en Géminis habla de una trayectoria kármica moldeada por la indecisión, la ansiedad y la ausencia de foco. Es posible que hayas tenido dificultades de concentración o que te hayas visto arrastrado por el ruido de fondo. Tu experiencia se ha caracterizado por la inquietud y la dificultad para estabilizarte y es posible que te agotaras intentando hacer muchas cosas distintas sin ser capaz de terminar ninguna.

En esta vida, esta energía se puede manifestar como indecisión. Es posible que sufras de ansiedad, te conduzcas con nerviosismo o te cueste horrores desconectar. Quizás tengas dificultades para prestar atención y tiendas a ser evasivo, especialmente con todo lo serio o emocional. La resistencia al compromiso puede hacer que tiendas a la inconstancia.

Qué has de aprender en esta vida: El nodo norte en Sagitario

El nodo norte en Sagitario te insta a buscar la sabiduría más profunda en la experiencia humana. Te llama a desconectar de la cháchara de la multitud y a conectar con algo significativo. Concederte la libertad de explorar las cosas a tu ritmo para sacar tus propias conclusiones y desarrollar tus opiniones será un bálsamo para tu alma. Tu reto consiste en que te resistas a dejarte llevar por la multitud y te conviertas en tu propio gurú. ¿Qué da sentido y profundidad a tu vida? ¿Qué te apasiona de verdad? Es esencial que descubras qué te aproxima a algo más significativo.

Mantras conscientes

O   Mi viaje es solo mío. Recorro mi propio camino.

O   Confío en mi instinto y tengo fe en mis opiniones.

O   La inspiración divina me rodea a diario.

O   Defender aquello en lo que creo es un acto de valor.

Preguntas para el diario

¿Cuándo me siento más seguro de mis convicciones?

¿Cuándo es más probable que me deje influir por las opiniones de los demás?

¿Qué comencé y siempre he lamentado no haber terminado?

¿Qué partes del mundo sueño con explorar?

Nodo norte en *Capricornio* y nodo sur en *Cáncer*

Eje energético: Estructura ↔ receptividad

Palabras clave: Paciencia, determinación, ambición

Principales lecciones de vida

- ○ Reconocer y asumir la ambición personal.

- ○ Cultivar la resiliencia.

- ○ Aprender a hacer las cosas solo.

- ○ Instaurar y mantener límites sanos.

De dónde vienes: El nodo sur en Cáncer

El nodo sur en Cáncer refleja una trayectoria kármica definida por la compasión tóxica. Es posible que te hayas enfrentado a obstáculos que te han impedido asimilar plenamente la «principal energía de tu personalidad» y que estés resentido por tu incapacidad para ir en busca de lo que deseas de verdad, como si nunca hubieras dispuesto del espacio o de la capacidad para materializar tu potencial. Quizás tiendas a escudarte en las necesidades de otros para evitar perseguir tus sueños. Existe un riesgo real de que quedes aplastado por el peso de las expectativas ajenas, sobre todo de tu familia. Tiendes a quedarte en segundo plano de brazos cruzados. Es posible que también te desilusione ver que nadie te apoya tanto como tú los apoyas a ellos.

Qué has de aprender en esta vida: El nodo norte en Capricornio

El nodo norte en Capricornio te pide que desarrolles todo un pozo interior de fortaleza emocional y de foco; que te mantengas en tus trece, tengas el valor de reconocer lo que quieres de verdad y vayas a por ello con todas tus fuerzas; y que te atrevas a darte permiso para esforzarte al máximo en conseguir lo que deseas sin necesidad de que nadie te acompañe. Es fundamental que aprendas a estar cómodo solo y que forjes un vínculo sólido con la disciplina. Amar y respetar a tu familia sin por ello dejarte abrumar por las expectativas o las responsabilidades será un ejercicio difícil, pero gratificante. Acepta que las semillas que plantes hoy no darán fruto mañana... pero que, cuando lo hagan, la espera habrá merecido la pena.

Mantras conscientes

- ◯ Soy el amo de mi destino.

- ◯ La autodisciplina es una muestra de respeto por uno mismo.

- ◯ Merezco participar en las tomas de decisiones.

- ◯ Gota a gota se llena la bota.

- ◯ Tengo la capacidad y la fuerza necesarias para conseguir lo que quiero yo solo.

Preguntas para el diario

¿En qué áreas de mi vida antepongo las necesidades de los demás a mis objetivos?

¿En qué áreas de mi vida querría ser más disciplinado?

¿Qué áreas de mi vida temo afrontar solo?

¿Cuándo uso las emociones de los demás como una excusa para no dar prioridad a las mías?

¿Cómo moldean las expectativas de mi familia la manera en que avanzo por el mundo?

Nodo norte en *Acuario* y nodo sur en *Leo*

Eje energético: Rebelión ↔ aprobación

Palabras clave: Independencia, previsión, libertad

Principales lecciones de vida

- ◯ Enorgullecerte de tus peculiaridades.

- ◯ Actuar con cabeza.

- ◯ Pensar en las consecuencias de tus acciones.

- ◯ Dejar un legado.

De dónde vienes: El nodo sur en Leo

El nodo sur en Leo refleja una trayectoria kármica caracterizada por la dependencia de los elogios y de la aceptación de los demás. Es posible que ocuparas una posición en la que la popularidad, la fama o la admiración eran las principales medidas de éxito. En esta vida, esto se puede manifestar como una gran sensibilidad a lo que puedan pensar de ti los demás. Otros temas recurrentes pueden ser la necesidad patológica de ser admirado o la tendencia a querer ser el centro de atención. Quizás tiendas al egocentrismo y no tengas demasiado en cuenta cómo pueden afectar a los demás tus palabras o tus acciones.

Qué has de aprender en esta vida: El nodo norte en Acuario

El nodo norte en Acuario te invita a que te alejes de tu punto de vista y tomes conciencia del lugar que ocupas en el universo; a que te sientas cómodo con la enormidad y con la pequeñez de todo; y a que explores la idea de que somos una mota de polvo, pero también la de que tenemos la capacidad de dejar una huella real y de generar cambios. Este nodo habla de la necesidad profunda de cuestionarlo todo y de no aceptar las cosas sin más, de cuestionar el *statu quo* y de ser más autónomo. De aceptar tus peculiaridades y dejarlas brillar, incluso si no están de moda. Es importante que encuentres un espacio que compartir con almas afines y que desarrolles un estilo de toma de decisiones que tenga en cuenta las consecuencias de tus acciones tanto a pequeña como a gran escala.

Mantras conscientes

- Soy una parte diminuta pero potente del universo.

- Mi individualidad es mi superpoder.

- Puedo marcar la diferencia.

- Estoy orgulloso de mis principios.

- Mi valía como persona no depende de la cantidad de atención que recibo.

Preguntas para el diario

¿Qué cuestiones o causas me importan de verdad?

¿En qué comunidades o entornos siento una camaradería real?

¿Cuán racionalmente pienso las cosas antes de tomar una decisión?

¿Qué entornos o actividades me ayudan a mantener la perspectiva?

¿Cómo me siento cuando doy un paso atrás y cedo el sitio a otros?

Nodo norte en *Piscis* y nodo sur en *Virgo*

Eje energético: Asombro ↔ pragmatismo

Palabras clave: Creatividad, fluidez, desapego

Principales lecciones de vida

○ Desapegarte de los resultados.

○ Explorar y expresar tu creatividad.

○ Pensar menos con la cabeza y más con el corazón.

○ Ahondar en tu fe y aprender a dejarte ir y a entregarte.

De dónde vienes: El nodo sur en Virgo

El nodo sur en Virgo refleja un recorrido kármico caracterizado por la necesidad obsesiva de perfeccionar, reorganizar y mejorar. Llevabas al extremo tu lema de lograr la perfección. La dificultad para descansar o para dejar que las cosas «salieran como salieran» te mantenía perpetuamente ocupado y al límite de tus capacidades.

En esta vida, se puede manifestar como una tendencia a la ansiedad. Es posible que te preocupen los peores desenlaces y que tengas planes B para todo tipo de eventualidades. La energía nerviosa que te hace reorganizar las cosas incluso cuando ya están bien como están podría ser un mecanismo de defensa. La búsqueda de mejora continua también se puede manifestar como problemas de imagen corporal o como una preocupación insana por el bienestar y un abuso del ejercicio físico.

Qué has de aprender en esta vida: El nodo norte en Piscis

El nodo norte en Piscis te invita a levantar el pie del acelerador y a dejarte llevar. Es una llamada cósmica para que afrontes las situaciones desde la creatividad en lugar de desde la crítica. Tu reto consiste en intentar estar presente en lugar de analizar todas las situaciones. Aprender a pensar más con el corazón y menos con la cabeza será un trabajo que durará toda la vida. Desapegarte del resultado nutrirá tu alma. Buscar una sabiduría más profunda y un sentido espiritual en tu vida, en lugar de limitarte a completar tareas pendientes, te ayudará a abrirte caminos nuevos.

Mantras conscientes

○ La creatividad es mi flujo vital.

○ Disfruto del proceso y no me obsesiono con el resultado.

○ Confío en el plan divino.

○ El orden no da la felicidad.

○ Basta con lo bastante bueno.

Preguntas para el diario

¿Cuándo me permito salirme del camino marcado?

¿En qué áreas de la vida siento que fluyo con más creatividad?

¿En qué áreas siento que necesito alcanzar la perfección?

¿Cómo me siento cuando me abandono a la creatividad (sin perseguir un resultado concreto)?

¿Qué actividades o prácticas me ayudan a sentirme conectado con algo más grande que yo?

Agradecimientos

A mi madre, Donna, por haberme transmitido el amor por la palabra y por la astrología desde el principio. Tu amor y tu aliento durante todo este proyecto (¡y toda mi vida!) lo son todo para mí. A mi hermano, Adam, por cultivar el amor por los libros, la música y, por supuesto, los Acuario. A mi padre, Chum, por hacer de la espiritualidad una faceta completamente normal de la vida cotidiana. Ojalá estuvieras aquí para verlo, pero no me cabe duda de que estás brindando con cerveza de jengibre desde el otro lado.

A mi primer maestro de astrología, Marc Laurenson, y a la Sydney Astrology School. Gracias por haberme guiado en este camino y por encarnar todo lo que capacita e inspira en este arte. Kelly Surtees, te estoy eternamente agradecida por tu amabilidad, tu sabiduría y tu aliento.

A Jean Marie, por creer que albergaba un libro en mi interior y por abrir la puerta para que este proyecto avanzara y tomara forma. ¡Eres la mejor!

A mi editora, Vicky, por tu paciencia y tu habilidad. A Antonietta, por ser la gestora de proyecto más serena y capaz. Estoy agradecidísima a tu inteligencia Capricornio/Géminis. A Alice, por haberme apoyado y por creer que este libro podía ser algo muy especial. A Murray, por tu paciencia inacabable y por tu visión creativa. Gracias por hacer de este un libro tan bello.

A Rachel, por tus palabras de apoyo y por hacerme creer que no hay dilema demasiado pequeño (o neurótico) para prestarle atención. Tu fe en mí y tu aliento han sido fundamentales para mi persistencia durante todo el proyecto.

A Lisa, gracias por tus ojos de halcón y por tu sexto sentido, que consigue que siempre sepas cuál es el momento perfecto para visitarme. A Charlie, por ser mi promotora no oficial y por escucharme y quererme sin juzgarme nunca. A Kath, por estar siempre ahí, pase lo que pase; siempre podrás contar conmigo. A AP, Peemy y Acc, por saber que las palabras de afirmación son mi lenguaje de amor preferido. Nuestros hilos de WhatsApp han sido mi salvavidas durante este proyecto. Gracias.

Para mis lectoras ideales, Rosy y Mags. Vuestros consejos constantes acerca de todo, desde la estructura al diseño de la cubierta han sido increíbles. Es una suerte que os pueda llamar familia, además de amigas. Espero que os encante el producto final.

A Mary y a Guy, este libro no existiría sin vosotros, literalmente. Gracias por haberme concedido el tiempo y el espacio para hacer realidad este sueño y por ser los mejores abuelos y amigos imaginables.

A Plum y Sid, mis almas sabias. Me parece increíble la paciencia y la comprensión que habéis demostrado durante los meses que he permanecido pegada al ordenador. Sois la prueba viviente de la felicidad y de la plenitud que nos inundan cuando seguimos el camino de nuestro nodo norte. Ser vuestra madre es mi trabajo preferido.

Y, finalmente, a Matt. Tu fe en mí me deja sin palabras. No hay objetivo demasiado descabellado ni práctica demasiado esotérica. No tengo palabras, solo una gratitud eterna. Debo de haber hecho algo muy bueno en otra vida para haberte encontrado en esta. ¡Te quiero!

Acerca de la autora

Emma Vidgen es una astróloga, instructora de meditación y periodista australiana. Los astros la fascinan desde que era niña, a pesar de que tener que oír repetidamente que era «la Virgo más desordenada del mundo». La pasión de Emma es hacer accesibles y divertidas las prácticas esotéricas. Le encanta salpicar de música, moda o cultura popular las conversaciones acerca de la vida y la muerte y de todo lo que hay entre la una y la otra. Las compras de objetos y moda *vintage* y la salsa picante son sus dos obsesiones y le encantaría reencarnarse en un músico profesional. Vive en Sídney (Australia) con su hija Libra, su hijo Capricornio, su marido Sagitario y su gato Escorpio.

Escanea el código QR para descargar en PDF fichas gratuitas
diseñadas especialmente como material de apoyo para el libro.

La edición original de esta obra fue publicada en
Reino Unido en 2022 por Hardie Grant Books, sello
editorial de Hardie Grant Publishing, con el título

The Astrology of You

Traducción del inglés: Montserrat Asensio

Diagonal, 402 – 08037 Barcelona
www.cincotintas.com

Primera edición: mayo de 2023

Impreso en China
Depósito legal: B 23793-2022
Código Thema: VXFA
Astrología

ISBN 978-84-19043-17-7

MIXTO
Papel procedente de
fuentes responsables
FSC
www.fsc.org
FSC® C020056